不做牺牲型的妈妈

爱孩子，更要爱自己

吴骐 / 著

中国致公出版社

图书在版编目（CIP）数据

不做牺牲型的妈妈：爱孩子，更要爱自己 / 吴骐著 . -- 北京：中国致公出版社，2022

ISBN 978-7-5145-1994-5

Ⅰ．①不… Ⅱ．①吴… Ⅲ．①幼儿教育—家庭教育 Ⅳ．① G781

中国版本图书馆 CIP 数据核字 (2022) 第 086382 号

不做牺牲型的妈妈：爱孩子，更要爱自己 / 吴骐　著
BU ZUO XISHENG XING DE MAMA：AI HAIZI，GENG YAO AI ZIJI

出　　版	中国致公出版社
	（北京市朝阳区八里庄西里 100 号住邦 2000 大厦 1 号楼西区 21 层）
发　　行	中国致公出版社　（010-66121708）
责任编辑	刘　羽
责任校对	吕冬钰
特约编辑	知　秋
封面设计	末末美书
责任印制	冯蓓蓓
印　　刷	三河市兴达印务有限公司
版　　次	2022 年 10 月第 1 版
印　　次	2022 年 10 月第 1 次印刷
开　　本	710mm×1000mm　1/16
印　　张	13
字　　数	177 千字
书　　号	ISBN 978-7-5145-1994-5
定　　价	49.80 元

（版权所有，盗版必究，举报电话：010-82259658）

（如发现印装质量问题，请寄本公司调换，电话：010-82259658）

目录

第一章	什么是真正的"富"养？	/ 001
第二章	谁才是最应该被富养的人？	/ 009
第三章	生命的奇迹由女性创造	/ 017
第四章	母亲都是孤独的	/ 029
第五章	新手妈妈到底有多难？	/ 041
第六章	孩子还是自己？不是道选择题	/ 051
第七章	把育儿当成项目来管理	/ 063
第八章	向孩子学习表达真实的自我	/ 073
第九章	爱自己是一切的前提	/ 083
第十章	勇敢说不，学会拒绝	/ 093

第十一章	坦诚沟通，远离加戏	/105
第十二章	完成大于完美	/117
第十三章	"鸡娃"真的有用吗？	/127
第十四章	你就是最棒的妈妈	/137
第十五章	心理咨询：从偷偷摸摸到大大方方	/147
第十六章	打破僵局，建立自己的交流模式	/159
第十七章	和孩子一起从他信走到自信	/171
第十八章	神奇的结果倒推法	/183
第十九章	今天的你就是未来的Ta	/193

第一章

什么是真正的"富"养？

第一章
什么是真正的"富"养？

有些人生经历，是生完孩子之后才开始的。

为何这样说呢？

大多是因为，生了孩子后才会体会到这个世界上还有如此多的烦恼和困难。

一个不生孩子的女性，是不需要学习海量的儿科医药知识的，大概率也不需要补习那些小学文化知识，一觉睡到天亮的作息除非到了更年期，不然也不会被打断。

在我没生孩子之前，我也不知道一个人想要平安长大需要通过那么多关卡，简直是障碍重重、防不胜防。

在妈妈肚子里的时间大概是人的一生中最安全的一个阶段了，即便如此，也有不少孕妇因为指标不达标去做了羊水穿刺或者无创DNA检测。听我的好友讲过，检测过程倒是没有多痛，但等待结果的过程十分煎熬。

大概就是从孕期一次又一次的产检中，妈妈们养成了在互联网和书本上疯狂查资料的习惯，如果将摄入的这些知识写一本书的话，恐怕10万字都不止。

在生孩子之前，我可以说是个非常热血、勇敢、天不怕地不怕的"哪吒"。

背包旅行算什么，连去西藏也是独自一个人说走就走。

遇到小偷算什么，勇猛到可以反手抓住对方，让他把手机还给我。

去欢乐谷坐雪域金翅算什么，蹦极、跳伞、潜水我也都是说跳就跳，才不管下面是陆地还是海洋。

父母不同意算什么，和小伙伴一起创业，照样将婚纱店好好地开了起来，写的小说也顺利摆在了新华书店的书架上。

不做牺牲型的妈妈：
爱孩子，更要爱自己

可自打生完孩子，我的胆子就瞬间小成了一粒芝麻，我开始怕死，开始怕广阔天地里的未知，开始怕哪怕0.1%的意外。

我成了一个胆小鬼。

很多妈妈都是这样的：过了一次鬼门关，得了一个小宝贝，在这个世界上有了深深的依恋，以前什么都不怕，现在却开始害怕，怕病，怕死，怕痛苦，怕不测。

满脑子想的都是：所有的不测都可以让我扛，万万不要降临在孩子身上。

就是这些忧愁、担心与爱意，使一位原本自由自在的女性被围困住，不再洒脱。

而我们的社会和舆论，还经常给妈妈们提出各种各样的要求，其中最流行的一个育儿"标准"就是：孩子要富养。

很多妈妈不管自己吃什么、喝什么、穿什么，都要努力给孩子最好的。哪怕自己睡眠不足，育儿课程也一定会硬着头皮学完。

满脸焦灼，长期睡眠不足导致脸色憔悴，没有时间打理自己的衣着，过度劳累引发急躁情绪，我在很多早教班、婴幼儿游泳班、培训机构的门口都见过这样的妈妈。

而一旁的孩子，吃得好、穿得好、玩得好，脾气倒是不怎么好，配合度不高、沟通力不强，自顾自地要这个要那个，似乎任性地享受世界是天经地义的。

我不由得思考：这样富养出来的孩子，真的好吗？

有人会说，这是物质富养，如果精神也能富养起来，孩子必然会好得多。

若是再问下去：什么是精神富养？

大概率会得到一些类似于"饱读诗书踏遍山河""德智体美劳全面发展""看过世界才算长了见识"等回答。

先不说这种要求是不是能达成，就算是能做到，本质上还是为了孩子在"压榨"家长。

对这样的方式，我是存疑的。

本末倒置

孩子半岁的时候,我想为他购入一份少儿重疾险,也许是为了减轻我的焦虑,也许是看到身边很多妈妈都这么做了,反正当时我的心情就是很迫切、非要买不可。

好在我有很多来自五湖四海的朋友,她们给我推荐了几位保险经纪人,让我分别去咨询。

其中一位经纪人说的话让我十分意外,当她知道我并没有给自己购买任何保险的时候,她问:"你是不是很担心孩子生病?你的心情我很理解,但你有没有想过,孩子最需要的其实是你。"

我愣了一下,想了想,觉得没有很理解:"所以我想给他买一份保险啊。"

她笑起来:"不管怎么样,都会有父母为孩子遮风挡雨,但如果父母不在了,或者有损伤,保护伞不就没有了吗?这时候是修屋子更重要,还是让孩子不要淋雨更重要?"

那一秒,我突然意识到:只有我活着、健康、愉快,孩子才能更好地享有这一切,原来,我才是孩子的最佳"保险"。

那天晚上,我终于在自己怀孕生子之后,从妈妈这个身份里跳了出来,从全局视角审视并向自己发问:"一个家庭当中,孩子在什么位置?父母是什么角色?三者是什么关系?由此得出家庭的资金流向是如何配置的,优先级是什么?如果想要达到最优状态,妈妈是否应该为了孩子倾尽一切?"

如果用四象限法则来判断是否需要买保险,那么给家长买才是更紧要的,因为家长是家庭的顶梁柱。而给孩子买,不紧急的,完全可以往后推一段时间。

那些花费了我大量时间和精力的购置任务,有些是不那么紧要的,由于我的经验不足,误判了它们。

如果说养育孩子是造房子,那么父母就是孩子的地基,地基决定了房子的高矮、

构造、美感、功能。养育孩子要把大量的精力、金钱放在地基上，一旦地基出了问题，就是大问题。

而那些很重要却不紧急的打地基的事情，往往被埋在底下，很久都没有被想起来。

那些关于我自己的规划和安排，全被育儿工作打乱了，那天晚上，我在书架前看了很久的书，但内心格外平静。

这是在生完孩子半年之后，第一次，我不再通过与孩子的连接来感受世界，而是回归到了我自己。

什么叫"富"养

很多妈妈都跟我讲过，生孩子之前从来没想过自己是怎么长大的，生完孩子之后，有趣的事情发生了，妈妈们会反复回想自己的童年，并且一直琢磨："到底如何才能把自己的小宝贝养得更好？"

也许是我们"80后"小时候的生活并不富裕，有许多东西都买不起，没见过的东西也很多，回头一望，陡生满坑满谷的遗憾。于是，"富养"这个词汇悄悄替代了"抚养"，击中了妈妈们的痛点。

大有一种，自己小时候吃过的亏不能再让自己的孩子吃的架势。

"富养"这个概念，最初也不知道是谁提出来的，要是去网上搜索，这个概念出现得很早，在2012年，就有作者写了一本书，讲述他富养女儿的经验。从物质上到情感上，全方位解读了富养的标准。

倒不是说这个概念不好，至少它让很多父母把育儿的标准提高到了注重孩子的内核上，比我小时候动不动就被粗暴地打一顿要强不少。

很多育儿书、公众号、自媒体，天天都在发"如何富养你的孩子"的内容，一开始强调女儿要富养，现在是儿女皆需富养，不仅要给足物质享受，情感上也要连接得完美无缺，不仅要兢兢业业陪伴孩子的幼年，即使孩子长大了也不能在任何一个关键时刻缺席。

不知道别人的情况如何，我还没开始养孩子，就已经焦虑上了，摸了摸自己兜里的钱——自己明明还没富起来，又摸了摸自己的心脏——我也没有强大到无敌，于是立刻在养孩子的路上打了退堂鼓。

现在才顿悟：这不就是典型的"蛋糕还没做大就琢磨着怎么分蛋糕了"吗！

据我观察，人类总是有这样的本性，那就是一旦付出得太多，超过了自己的承受范围，就开始心理失衡，对这种付出所能产生的效果有了不符合常理的期待，随即有了很多失控的行为，简称：心态崩了。最终适得其反。

为了避免自己这样，我总是提醒自己对孩子的爱不能太"过"，不然，人痴狂起来，既不长久，也有些吓人。

基于这样的顾虑，我总是在思考到底什么叫"富"养？

《人民日报》曾在《教育改革要从家庭教育开始》这篇文章中提出家长有五个层次：

第一层次：舍得给孩子花钱。

第二层次：舍得为孩子花时间。

第三层次：家长开始思考教育的目标问题。

第四层次：家长为了教育孩子而提升和完善自己。

第五层次：父母尽己所能支持鼓励孩子成为最好的自己，也以身作则支持孩子成为真正的自己。

当我看到这五个层次，作为一个不到6岁孩子的妈妈，我这样反思：自己能否拾级而上，达到第五层？

答案是：我既赞同这样的"富"养标准，也愿意尽我所能。

也许，真正的"富"养就是这样，能够站在这个山头说这样的话，并且与孩子一起，同时做好往更高处的准备。

谁才是最应该被富养的人?

第二章
谁才是最应该被富养的人？

曾经有个新手妈妈向我咨询给婴儿吃益生菌的问题，听到我花了300多元购入，她回复说："有点贵，但给孩子还可以接受，要是给我花这个钱，我肯定舍不得。"

那一刻，我想很多妈妈都是这样想的。

可以给孩子花一万多报美术课，几百元的鞋子、几十块钱一袋的进口有机零食，买起来眼睛都不眨，可在自己身上，却左右舍不得，思前想后最终还是算了。

我不由得想起我的妈妈，她可以说是个"奇葩"妈妈了。

20世纪90年代初，人们普遍不太富裕，一般人的月收入也就几百元。虽然我的妈妈并不是乱花钱的人，但如果她非常喜欢什么，条件许可之下，她是一定要买的，而且我爸爸也不会反对（他也蛮喜欢漂亮的东西）。

真是买一件顶一年的高兴！

我一直都记得，春秋时节，我的妈妈穿着一件奶油粉色的羊绒毛衣，袖口和领口有黑色包边，毛衣前襟两侧还有些许精巧的手工织花，整个人显得温柔又优雅。现在回忆起来，是妥妥的香奈儿风格。

她领着我走在大街上，周围都是衣着朴素的别人家的妈妈，而我恨不得跟每个遇到的小朋友自豪地介绍：这是我妈妈！

就等着对方"哇哦"一声，露出羡慕的神情。

我也受到了这样的影响，虽然经历了青少年时期天天穿校服的禁锢，但到了初高中时已经能够兴致勃勃地给自己搭配服装。到了大学时，审美的重要性逐渐显露出来，在大学校园里，我既不害怕展示自己，也不太会被消费欲冲昏头脑，胡乱买一通。

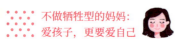

不做牺牲型的妈妈：
爱孩子，更要爱自己

像我妈妈这样"奇葩"的妈妈，自然是从 30 岁美美地活到 60 岁，她开心，我们也开心。

现在的人无法理解那个年代所提倡的东西，我的妈妈当时受到了很多这样那样的闲言碎语，"不够朴实""不够艰苦奋斗""怎么这样花枝招展""当妈妈的，哪儿有这样只顾着自己的"……只是因为她爱美。

也许她并没有用语言表达出来，但她用实际行动教会了我最重要的：

自己，是值得被好好对待的！

在成年步入社会之后，我发现，大到择业结婚，小到穿衣吃饭，不管你做什么，都会有很多人试图评价、影响、改变你。所以，当这个世界对你提出各种各样的要求时，你需要很明确、很清晰地去辨别这些要求本身的科学性和可操作性。

如果无法辨别，就会被某些逻辑混乱的要求弄得头昏脑涨，每日疲于应付，也会不知听从哪方面的要求更好。

被"完美富养要求"所蒙蔽

刚刚生完孩子的妈妈最容易被这样的育儿要求洗脑：

要全方位给宝宝最好的！富养孩子，不仅要在物质上富养，还要在精神上、感情上全方位富养！

新生儿时期，妈妈的许多精力被用于筛选各种日常用品。光是为孩子添置衣食住行的物件，就足够一个妈妈彻夜费尽心思，更何况还有些信息看起来太复杂，需要妈妈费心研究才能消化。

养孩子的第一年，开支很大，养孩子的第十年，开支依旧很大。不论挣了多少钱，这些开支依然稳如磐石一般立在家庭的支出项目里。

一方面是购物避坑的困难，一方面是经济上的压力，无法做到"啥也不想了，就挑最贵的"。

所以,光是买东西这一项,就足够费心。

前阵子我看了自己"双十一"的囤货记录,至少有 3 年的"双十一",都是大量囤了尿不湿、童装、玩具、儿童日用品等等。想来家家户户的妈妈们恐怕与我一样,都是全年无休地承担起了采买工作。

即便如此,我却很清楚,我还没有做到所谓"物质上富养孩子"这样完美的要求。

再加上随处可见的令人紧张且惊悚的标题:"做好这几点才是真正的好妈妈!""千万不能忽视孩子的这几个方面!""小问题酿成大错,妈妈必读!""做到这些才能培养真正的好孩子"……

孩子还没长大,大人先被这些标题吓到了,我身边也真有不少妈妈被这样的"精神上富养孩子"的要求所压垮。

天天琢磨该怎么对孩子好、怎么能给孩子最好的,既想给孩子花时间,又想给孩子花钱,内心焦虑至极的同时也忘了想到这些极致的要求是非常不科学,也不现实的。

再加上体内激素的剧烈变化,护犊子的妈妈们根本无法冷静下来想想自己为何在无形中被操控着。只能不停地买买买、读读读,海量的信息量化为巨大的内耗,把妈妈们逼得进退维谷。精神压力这么大,可想而知,没什么精力再去关注其他事物了。

前半年魔咒

一般来说,一个人对一件事的判断来自自身的经验。

但养娃这件事,家家户户差异巨大,运气好的人养了懂事听话的孩子,运气稍欠的人,如我,生了一个高需求宝宝。

我想在情感上富养孩子,可体力不容许,经常累得要命,这该怎么办呢?

我的闺密们提出的那些解决方案,没一个顶用的。因为她们都没有办法想象,居然有孩子从出生开始总是需要被抱着,而且他这个需求十分明确,只要妈妈抱着就万事大吉,躺着吃奶都不行,只要被抱着,哪怕饿肚子也高兴。

不做牺牲型的妈妈：
爱孩子，更要爱自己

我的宝宝满月后，月嫂走了，由我独自带娃。

礼物经过出了月子的快速生长期后，由吃了睡睡了吃陡然变为一睁眼就要抱的状态，于是，我本着亲密育儿的原则，每天像袋鼠妈妈一样，在所有他醒着的时间里抱着他，有些妈妈戏称为"挂喂"。

我抱着他刷牙洗脸，抱着他吃饭，抱着他晾衣服，抱着他整理家务，抱着他煮饭。

这孩子不爱玩玩具，更喜欢与人互动，玩什么玩具也撑不过十分钟，只要有人逗他玩，能乐得笑出声儿。

而晚上，他从月子里一晚上喂三次，突然变成了两个小时一吃。哄睡也变得十分艰难，从傍晚开始就哼哼唧唧，一直到洗完澡，再大哭一场。我必须竖抱着他不停地走来走去，后来改为坐瑜伽球颠簸，直到一个小时之后礼物才能安然睡着。有时候，甚至是两个小时才能入睡。

更可怕的是，那个时候，家里只有我一个人整天整夜地育儿，地主家骡子的工作量可能都比我少。

听者无奈，连我亲妈都是嘴角一撇，归结为：这孩子就是你给惯的！

此时此刻我不跳脚谁跳脚，难不成我上赶着想让自己抱孩子抱成腱鞘炎？这还不都是被逼的！

只可惜妈妈们在育儿的前半年，大多数对话都是这样，哪怕是新手妈妈们之间，也经常鸡同鸭讲，你不懂我，我也不懂你。

爸爸们就更别提了，十句话出口，有九句都是废话，剩下那一句不把火药桶点燃就算他求生欲还不错。

总体而言，每个家庭和宝宝的个体情况存在差异，导致育儿过程中瞎指挥的居多，真帮得上忙的极少，绝大多数的育儿任务都落在了妈妈身上。而且幼儿阶段的孩子对妈妈的依赖度普遍很高，越亲密就越离不开，越离不开就越是捆绑。

此时，妈妈与孩子内引外联的强连接关系，被其他家庭成员和社会舆论所"利用"，将养育的要求一条一条精准地向妈妈们发送过去，躲都躲不开。万一有一个躲开了，社会舆论还得埋怨这位妈妈是个自我自私的坏妈妈，一点儿也不愿为了孩子做出牺牲。

这一切回顾起来总是有些眼熟，一直到前阵子我才顿悟：

这种"完美富养要求"和公司里的领导一边给我画饼一边说"996"是福报，到了年末双手一摊给我颁发一张"最佳贡献员工"奖状有什么不同？

都是空口白牙的大忽悠！

连小孩子都更喜欢给他糖吃的人，可见，对人好是要实实在在拿出好处来的，为什么其他人都这么热衷于给妈妈们提无理的超高要求，一个劲儿瞎指挥、一言不合就扣帽子？

因为他们什么也不干，经验值为零，更无法判断具体情况，他们把在网上搜集到的信息说出来，参考价值非常值得怀疑。

更有甚者，如同《资本论》中恶劣资本家的心态，只有压榨剩余劳动力，才能使得劳动者无暇顾及更高的需求。

作为一个妈妈，我也曾一头栽入过这个"前半年魔咒"中无法自拔，等回过神来，才发现已经把自己逼进了退无可退的境地。

有没有富养孩子我不知道，穷养了自己倒是真的。

在英国的电影和脱口秀节目里经常能看到这样一些场景：中年"老父亲"拍着青春期儿女的肩膀教导他们，说出充满智慧的一句"Happy wife, Happy life"。

老婆高兴，人生才幸福。哇，现在让我这个经历了生育的老母亲来看，应该改为"Happy mother, Happy life"才对。

这才是一条超越了种族和文化的真理！

为人母者，是整个家庭生活的中心，几乎所有妈妈都负责着一个家庭里复杂琐碎的事务。

今天家里做饭的人不高兴，谁也吃不到一顿好饭，这是再简单不过的道理。

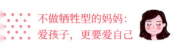

既然家庭成员都享受着这位女性的付出,那么尊重这位女性也是家庭成员们应该做的事情。

可是,在本章一开始描述的那一系列套路之下,似乎看不到他人对妈妈们的尊重,反而更像是一场社会默许的大型PUA。

在这个圈套里,妈妈努力把一切好的都献给了孩子,可唯独忘了,作为母亲的自己要是过得不好,是无法好好养育孩子长大的。连大自然里,也是强壮彪悍的动物妈妈更能养育出具备同样顽强生命力的动物宝宝。

育儿是场持久战,要是早早掏空了自己,往后的数十年可怎么办?这些道理,好像从未有人讲给妈妈们听,人们总是巴不得她们焦虑、奉献、担忧,好像这样就更容易控制她们。

另外,过分把关注点放在孩子身上,家庭关系大概率也会变得奇怪,好也是因为孩子,坏也是因为孩子,大人处理不来的事情到最后都成了让孩子背的锅。孩子本应该是爱情与信任的结晶,可这样一顿操作下来,爱与信任都没了,只剩下怨念。这样的孩子既不尊重他人,也不会心存感恩,甚至会在怨恨中看不清自己脚下的路。

富养孩子的前提,是富养妈妈。

生命的奇迹由女性创造

第三章
生命的奇迹由女性创造

整个社会都在赞颂母爱的伟大，但这其中的快乐与痛苦，自己当母亲之前根本不能真正理解，其中让我感到困惑的是：

为什么所有舆论中的女性都只选择讨论快乐，而对痛苦避而不谈呢？

避谈痛苦是害怕许多女性会选择不生不育吗？

哈，那你们可太低估了女性这种生物的坚韧与勇敢。

那么先让我们看看，成为妈妈会遇到什么困难。弄明白这一步，至少能为如何"富养"自己做好准备。

身体告诉你

我通过网络形式采访了 100 位宝妈，她们对我提出的问题进行了回复，我将她们的回复整理成以下内容，文中数据来自这 100 位宝妈，以及能查到的医学数据。

1. 妊娠纹

60% 的女性会在孕期产生妊娠纹，不仅是肚子，有些妊娠纹还会出现在臀部、腿部，甚至是胸部。这种纹在怀孕时呈红色或者紫红色，生产之后变为白色，几乎没什么有效手段可以去除。产生妊娠纹的一部分原因来自基因，也就是说，母亲容易长妊娠纹，女儿在怀孕时也容易长，另一部分原因是突然增加的体重对皮肤产生的拉扯。所以各位妈妈们在孕期适当控制体重是很重要的。

2. 腹直肌分离

如果肚子里的宝宝个头长得太大，很可能会导致母亲在产后腹肌撕裂分离，这令很多女性生产之后有了"小肚子"，怎么减肥都没用。腹直肌分离的黄金恢复期在生育之后的半年到一年，通过简单的运动就可以缓解，即便恢复不到原状，也可以很大程度地减缓分离的宽度，让腹直肌能够保护内脏回归原位。

3. 痔疮

70%的女性由于怀孕时腹腔压力增大、生产时撕裂等原因会患上痔疮，并且大部分产后都很难恢复，只能通过饮食和护理减轻症状。我倒是在实践中知道了好多偏方，比如用白萝卜煮水熏洗，确实可以缓解痛感，但除了手术，似乎还没发现能够根治的方法。

4. 长斑与爆痘

50%以上的孕产妇，皮肤状态都会因孕产期的激素变化而发生很大变化，其中长斑和爆痘带给女性的困扰是最多的。爆痘之后留下的痘印、痘坑很难消除，斑虽然会在激素恢复之后逐渐淡化，但难免还是会有残留，只能去医院皮肤科做激光去除。

5. 脱发

几乎所有产妇在生产过后的3~6个月里，都会经历一次严重掉发，不得不提，很多女性就是从这个阶段开始，再也恢复不到从前的浓密秀发。说真的，当时我自己也每天大把大把地掉头发，心理压力也非常大。

脱发问题导致的发际线后移、发顶稀疏确实很难改善，在此我要提醒各位妈妈，除了激素，造成脱发的另一个因素是睡眠不足以及熬夜。

6. 胸部问题

这是所有哺乳妈妈都会面临的问题，刚生产后的乳头大概率会被婴儿使出"吃奶的劲儿"给吸破,这种疼真的难以形容,每两个小时喂完一次奶,后背都能疼出一层冷汗。想解决这个问题,首先要教会婴儿使用正确的衔奶姿势。

还有,涨奶时万一结奶块,不揉是胸口压大石,揉了是胸口碎大石,又是另一种痛。这个时候,用闲置的面部清洁仪按摩,或者用生土豆片敷一敷,都能起到一定的缓解作用。万一涨奶严重导致发烧,可以去中药房买些蒲公英回来煮水喝,既能退烧,又不影响哺乳。

最后,断奶后的胸部很可能会像两只丧气的布口袋耷拉着,这种情况通过健身可以恢复一部分状态,不过也很难恢复如初。

7. 阴部问题

10%~20%的女性会在产后面临阴道壁膨出的问题,一般有这种情况的女性通常还会有尿失禁的困扰。往往打个喷嚏、大笑一声,或是提个重物时——噢,漏尿了。

其实这属于病症,需要治疗,不过这意味着需要在产后第一年抓紧时间去医院医治。很多女性因为不愿意面对治疗场面,拖拖拉拉地错过了最佳时机,等到几年之后再想要去治疗,效果甚微。

另一方面,很多妈妈们顺产时会被侧切,伤口恢复至少需要15~25天,也有少数产妇伤口愈合差,所以需要二次缝合。侧切的妈妈们在月子期间一定要注意清洁,用碘伏消毒并处理伤口,只要尽心照顾,伤口就能愈合得又快又好。

侧切其实并不是坏事,由于现在很多孕妈妈在孕期营养太好,宝宝们在肚子里长得很大,顺产中很可能会产生撕裂,阴道里里外外撕裂的程度不同,缝合起来不仅难度系数增加,愈合期也会更长,而侧切可以避免阴道撕裂的情况。

8. 子宫问题

5%的女性在产后会遇到子宫脱垂的问题,这会严重影响身体健康,必须及时治疗。

虽然我采访到的这100名宝妈没有遇到子宫脱垂的情况,但其中至少有15位宝妈

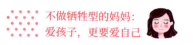

表示自己的母亲曾经去医院治疗过子宫脱垂,推测原因,大概率是产后休息不够、下床劳动过重所导致。

我不禁想了想,正常身体中的子宫才鸡蛋大小,而孕期会增长许多倍,生产后的子宫当然至少需要半年的时间休养啊!

9. 身材恢复

首先,产后的女性胯部会变宽,彻底恢复到从前的水平至少需要半年到一年半的时间。我还记得,产后半年第一次能够重新穿上产前的牛仔裤时,我激动万分,差点在衣帽间里蹦起来。

其次,孕期增重比较多的女性在产后减肥非常艰难,一边要和产后抑郁斗争,一边要保证哺喂母乳的热量所需,同时还要减肥,其实蛮辛苦的。所以不如在源头上预防,即在孕期控制住自己的嘴巴,放缓增重,对自己和宝宝的健康都更有利。

更别提如果在孕期不幸得了妊娠糖尿病或妊娠高血压,不仅会让妈妈心理压力变大,还会增加生产危险。

10. 生产危险

老年人总说:生孩子就像过鬼门关。这句话到底对不对呢?现代医学发展了几百年,我找了个数据给大家看看。

2020年,全国孕产妇死亡率为0.169‰,与2015年相比,下降幅度为15.9%。

从全球来看,我国婴儿和5岁以下儿童死亡率远低于中等收入国家平均水平,孕产妇死亡率远低于全球各国0.53‰的中位数水平,也远低于中高收入国家0.43‰的中位数水平。

也就是说现代医学迅速发展至今,也不能保证全世界产妇生孩子绝对安全。

上述内容还不够全面,通过对100位宝妈的调查和统计,我还总结出了一些并非身体层面的困扰。

心理告诉你

产后抑郁症（postpartum depression）是指女性于产褥期出现明显的抑郁症状或典型的抑郁发作，与产后心绪不宁和产后精神病同属产褥期精神综合征。发病率在15%～30%。典型的产后抑郁症于产后6周内发生，通常在3～6个月内自行恢复，严重的也可持续1～2年，再次妊娠则有20%～30%的复发率。其临床特征与其他时间的抑郁发作无明显区别。

也许大家都不认为自己会陷入产后抑郁的痛苦，但在"产后抑郁"这个词汇被大众认知之前，这种情况是如何被描述的呢？

比如：生了孩子就很"作"。生活挺好的，不知道她在哭什么。她说没事，只是不怎么高兴。前一秒钟还挺高兴的，下一秒突然就变脸了。说自己睡不醒，该睡觉的时候又不睡。整天疑神疑鬼的。她的脾气简直太坏了。

当人们对一件事认识不够时，就只能停留在看表象。这导致对产妇的评价夹杂着不明所以的指责，这些指责最后往往会变成伤害。

很多女性在亲身经历产后抑郁之前，也非常不理解一个人为何会发生这么大的变化。

我曾经安慰一位在过度自责之中陷入产后抑郁的妈妈："妈妈们过的是什么样的日子呢？不能好好睡一个整觉、无法安心吃一顿饭、耳旁时时刻刻伴随着婴儿的哭声、失去了与外界联络的空闲时间……所以，情绪不高、经常落泪、无法入睡，都是再正常不过的事，就算是不生孩子的人，像这样生活几个月，也崩溃了呀！"

从这个角度是否能够理解女性成为妈妈，骤然之间心态会产生多大变化呢？

在经济条件容许的情况下，我支持每一位妈妈产后去进行正规的心理咨询，若是经济条件不容许，也有很多免费的心理咨询热线等待着我们（本书第十五章将会详细讲述关于心理咨询的内容）。让专业的人来帮助我们度过心理生病的时光！

从前没人告诉我

"既然生育如此不易,为什么从来没人告诉我呢?"

这个问题提得好!

虽然说我们都是妈妈所生,但为何我们都不知道妈妈是如何经历这一切的?具体都经历了些什么?

如果要追根溯源,我们中国人习惯"报喜不报忧",并且把"不言苦痛"作为值得鼓励的行为大加赞赏。孩子们从小受到的都是关羽刮骨疗伤、越王勾践卧薪尝胆这样痛不能言、伤不能语的教育,一代一代地将这样的习惯传了下来。

尤其在长久的父权社会架构下,男性更具话语权,从前口口相传或写在书中的事情,不可能包含太多关于妇女隐秘生活的内容。女性只能躲在闺房里偷偷交流,加之社会约定俗成已婚妇女不可多向闺房女孩传授成年内容,这样一来,女孩子们大多懵懵懂懂地长大,又懵懵懂懂地嫁人生子。

等到进入现代社会,大量的科学书籍和现代医学知识还是没能打破人们的固有观念,哪怕是八九十年代的人,也有不少女孩在怀孕时才开始零零碎碎地知道一些生育知识。

虽然书店里的书架上满满都是书,可家庭教育缺失的内容却不是那么容易补上的,尤其是人们面对私密话题难以启齿。

2016年,我生完孩子后,因为与闺密讨论到如何避孕这个话题,才发现她们都不知道旧时节育环对女性的伤害。

大多数闺密听到"节育环"这个词都很茫然,表示对其知之甚少。当我提及旧时的节育环会使子宫长期处于炎症状态,时间长了还会与子宫内膜长在一起,等到更年期绝经之后想取出来都很难时,大家都十分震惊,以为这只是个别情况,没想到各自回家询问了自己的妈妈,才知道情况确实如此。

那么我又是怎么知道的呢?

因为我在某一年阴差阳错地去看了一位艺术家的展览,主题是关于中国女性子宫内的各种各样的节育环。看完之后深感震撼,又恶补了一通知识,询问了家里的几位妈妈辈的女性,因而对此有了一些了解。

当时我非常困惑地问我的妈妈:"为什么你从来没有提过这些事呢?"

妈妈脸上挂着一丝不好意思的表情,想了想说:"这些事给你们小孩说了干啥呀,又帮不上忙。再说了,那时候大家都是这样的,也没有别的好办法。"

听了她的回答,我一时无言以对。

做妈妈之前不知道的那么多事,要在成为妈妈的那一年统统都学会,这也太难了吧!

尤其大家总爱用不耐烦的态度应付新手妈妈,搞得好像是"我发问、我不对、我事儿多"似的,实在不科学。

知道的意义

看到这里,也许你们会感到很奇怪,怎么这本书花了如此之多的篇幅讲述做妈妈有多难、多痛苦?

答案是身为女人,我们有权知道自己的生理特点会伴随怎样的痛苦,生或者不生都是我们的权利。如果在选择生的基础上,可以更清楚自己即将面临些什么,也对自己更负责。还可以明确地避开雷区、休整内外,让自己在生育之路上更容易获得直接有效的解决方案,而不是陷入困境束手无策。

而身为男人,必须要知道你的伴侣为生育承受了些什么,这样才会真正地理解她、尊重她。男人应该在此基础上更进一步,尊重承担了这一切的女性群体,不仅仅是你的妻子、你的母亲,还包括其他女性。

生育有着无法替代的重大意义,它对人生的改变和影响也是不可逆的。

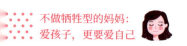

在此，我不愿再去赘述一些生育对人类繁衍、国家繁荣、可持续发展等产生的巨大作用，只想站在一个普通人的角度上，谈一谈生一个孩子，对人生来说到底代表着什么？

有些人，坚信养儿防老，孩子生出来是有用的。

有些人，认为孩子是爱情的结晶，愿意为爱而生。

有些人，生孩子是为了延续自己的基因，生了才安心。

有些人，单纯喜欢小孩子，也享受抚育孩子的乐趣，可能还会生不止一个。

有些人，可能遭遇了避孕失败，但又没什么理由不要，自然就生了。

有些人，则是因为家里催得紧，催完结婚又催生，想堵上长辈的嘴，只能生。

原因种种，既有生的理由，也有生的自由。

可有人喜欢孩子，就有人讨厌孩子，请不要明明自己讨厌孩子，却扛不住别人的劝说而去生孩子。育儿不易，其中的艰辛难以描述。做其他事也是这样，若是内心不情愿，想要全凭理智和坚持去做好，恐怕只会把自己逼进死胡同。

内心坦坦荡荡、对生育这件事怀有爱意和肯定态度的妈妈，哪怕考验再多，也更容易培养出一个懂得感恩的孩子。

也许我更重视耕耘的过程，但不代表我对收获毫无期待。谁也不愿意自己辛苦多年，到头来却收获一个只懂索取的"巨婴"。

生育的意义在于，将一个生命与另一个生命用情感和基因紧密联系在一起。育儿的前几年，很难获得喘息的机会，而在育儿的后半程，又要学会放手。在知道这一切之后，我依旧会选择生一个孩子，这是一个女性的"现实英雄主义"。

尊重自己的身体、了解未来的路途、肯定生育的意义，是每一位女性成为妈妈之前"富养自己"的基石。

日剧《我们由奇迹构成》中，有一封儿子写给母亲的信，曾深深感动了我：

我曾想，试着计算出自己存在的概率，但完全计算不出。

从两亿精子中被选中的是我，光这点就已经是两亿分之一的概率了。如果你没有作为女性出生的话，我也不会出生。如果你没有和父亲相遇的话，我也不会出生。而且如果还没等到我出生，你就死了的话，我也不会出生。作为女性出生的概率、与父亲相遇的概率、你活着的概率，考虑到这些的话，我的存在真的是个奇迹。

况且，你是你的母亲生下来的，考虑到这个概率的话，我存在的概率就更加是个奇迹了。而你的母亲又是你的外婆生下来的，考虑到这个概率的话，我存在的概率就更加更加是个奇迹了。

总之，祖祖代代，奇迹般的事情不断累积，才有了我的存在。这，很了不起。仅仅是出生就已经很了不起了，但在这个世界上还有很多了不起的事情，还有很多我不知道的事情。

很了不起，您能生下我，真好！谢谢您。

将生育的意义放大，大到谈论每一次生育对人类的意义，确实是奇迹的积累。而将它缩小，小到每一个婴儿的诞生，让妈妈的生命受到前所未有的重击，之后犹如重生一般，这也是一个奇迹。

所以，每一位选择做母亲的女性都值得被尊重，值得我们这个社会给予她们体谅，而那些选择不做母亲的女性，同样值得所有人的理解和尊重。

母亲都是孤独的

第四章
母亲都是孤独的

前面讲了这么多关于如何准备好去做一个妈妈的内容，但当我真正成为妈妈时才突然发现，前面所做的一切都是远远不够的。

我在孕期读了好几本养育书籍，甚至潜心研究了《西尔斯亲密育儿百科》《实用程序育儿法》这样的作品，对书中重要之处不仅像对待高考课本一般用彩色笔标注，还在书页上贴了重点提示的分色标签。

而当我生下我的孩子礼物时，依旧感到十分慌张。

这种慌张并没有随着生育之后的时间流逝而消失，我惊讶地发现，原来我要面对的困难不仅仅来自新生儿，还有很多其他的困难。

这些事可从来没有人告诉过我啊！更别提生产这件残酷无情的事了。

作为一个顺产过的产妇，什么叫疼到灵魂出窍，我可真是体验到位了，如果这个时候还有人来跟我说什么生过孩子的女人才完整，我会告诉他："如果这么说，那么我认为被人打爆过睾丸的男人才完整！"当我疼了一夜没睡，早晨六点钟在冷冰冰的产房里叉开腿用力的时候，任谁也不会觉得经历过这件事才是完整的人生。

也许有些产妇能够在私人医院里生产，感受的确会好很多，但绝大多数产妇都是在公立医院里的六人间或者走廊上疼得来回踱步，直到生产完，还要在人来人往的病床前忍着下体疼痛露出自己的乳房笨拙地喂奶。

这件事已经过去了6年，我还是没办法忘记那些复杂的感受，这次颠覆了我原本人生中所有经验，让我一瞬间卸掉了积累多年的教育、学识、成就、认知等盔甲，成

不做牺牲型的妈妈：
爱孩子，更要爱自己

了一个原始的、赤身裸体的、孤独的雌性人类。

这些经历并不会让人感觉人生更完整，反而会让人害怕，尤其是当你的感受被周围的人刻意忽视或不理解时，随之而来的是深深的孤独。

更难的是，母乳妈妈经常需要在夜里起床哺乳。

安静黑暗的夜里，妈妈一个人坐在床前，垂着头抱着孩子喂奶，喂完后再一下一下地拍奶嗝儿。此时朝窗外望去，万物的一呼一吸都在静悄悄的空气中被无限放大，格外清晰，也格外孤独。

也许耳旁有丈夫酣睡的呼声，也许空调出风口在嘶嘶地吹着风，也许有夏日里树叶伴着夜风的沙沙声，世界都安歇了，孩子也吃饱了。只有自己，见过凌晨一点、两点、三点、四点、五点……每个时段的月亮和夜晚。

这样清醒的痛苦，无法替代，无法诉说。

有的人会说："每个女人不都是这样过来的？怎么就你这么矫情？孩子长大了就好了，再熬一熬。"

道理我都懂，可是为什么，我这样孤独？这样痛苦？

现在让我们分析一下，妈妈们到底为什么会这样。

难搞的小家伙

现在回忆，生下孩子之前，并没有任何人告诉过我关于新生儿的三个重要的特点，我所有对于新生儿的认知都来源于书本，而书籍里的一切似乎都指向了"只要你努力解决，问题都是可以被解决的"这个逻辑。

新生儿的三个重要特点是什么？说出来，有育儿经验的妈妈们可能会击掌三声——这些往往容易被忽视：

第一，很多说不上来是不是生病的症状，会随着长大而逐渐消失。

也就是说，那句"长大了就好了"的老话是真的。

比如新生儿不会自主入睡这个世纪难题，这第一道坎儿就把所有新手妈妈给绊倒了。但不会自主入睡的婴儿长大了都能自己睡着，换句话说，并不需要补课，即使你不去训练他们，这个技能最终也会被他们熟练掌握。

再比如，很多婴儿会有喷奶、胀气等症状，这些看似不起眼的小事儿会给新手妈妈带来巨大的焦虑，并不是妈妈们脆弱，而是由小症状引发的一系列麻烦事会堆叠如山：一个嗷嗷待哺的婴儿终于吃饱了，拍了拍嗝儿，此时昏昏欲睡的婴儿看起来非常安稳，可刚一放下，五秒钟后，一大口奶喷射而出……得，换衣服、换床单吧，而错过了睡眠时机的婴儿也逐渐烦躁起来，开始号哭。这一哭，引起书房、客厅里其他家人的骚乱，他们迅速过来围观，可刚到卧室门口，新手妈妈低头看到自己袒露的乳房，大喝一声：别进来！几位家人站在门口瑟瑟发抖，暗自交换着眼神：嚯，脾气真大。

这样的例子可太多了，婴儿的类似症状几乎每天都会发生，新手妈妈们如履薄冰，却无法避免。

如果带孩子去医院，大夫也会无奈地说：这个啊，长大就好了；满3个月就会逐渐好转；1岁以后就好了。

作为一个5岁半儿童的妈妈，此时我要告诉各位新手妈妈的是：很多这样那样的小问题几乎贯串孩子的整个发育期，从0到18岁。

所以，老母亲们，请淡定一些！放下书籍和手机，选择让自己睡个好觉更能缓解焦虑。

第二，孩子的个体差异非常大，大多数是由基因所决定的。

这句话能解决老母亲们30%的焦虑。

不管是新手妈妈还是10来岁孩子的妈妈，在四处打听了其他家孩子的情况之后，总是能得出这样一个结论："孩子真的是各有各的特别之处啊！"

有些孩子，从小精力就格外旺盛。我的某个闺密家的女儿，从婴儿时期就晚上十一点才入睡，夜醒数次，清晨五六点与太阳一起睁开双眼，从1岁半开始，白天从不睡午觉或小睡，夜晚的作息依旧与婴儿时期保持一致。这孩子熬得其他家人都长了黑眼圈，她自己却精神抖擞。

而有些孩子，天生就是高需求宝宝，此时不得不再次拿我的孩子举例。礼物占全了所有安全感来源的条件——顺产、纯母乳、妈妈全职抚养、全天候陪睡，而他却像个贪得无厌的地主一般，无时无刻不想把老母亲拴在尿不湿上，压榨得我抬不起头。所有人见此情形都告诉我：这是一种缺乏安全感的体现。但当听我说完上述情况之后，总是沉默半晌。只能说，幼儿天性如此，不然还能怎样？

更别提那些应该在某些发育节点达成的小目标了，4个月练习翻身，八九个月应该会手脚并用地爬，1岁开始边学说话边磕磕绊绊地走路……这些只是参考，虽然很多妈妈也会骄傲地告诉大家自己的孩子如何超前掌握，但我很清楚，还是有很多孩子并没有按照教学大纲完成妈妈的计划，他们有些性子慢，不愿意"超车"，有些是懒懒散散不愿意勤加练习。

总而言之，孩子有自己的想法，妈妈们只能静静等待。

第三，新生儿是个"半成品"。

也许很多妈妈都注意到，同样是哺乳动物，小羊、小马、小牛一出生就十分精神，最多几个小时后就能抬起脖子和头，然后摇摇晃晃地站起来要走路了。而婴儿一出生，清醒的时间无法持续太久，还得过一年才能学会走路。

人类甚至有很多非常棘手的问题，也会在婴儿出生后1～6个月之间发生，比如肠绞痛、胀气、胃食道返流、婴儿痤疮、消化不良引发的腹泻等。

当然，刚出生的婴儿能不能站起来或是学会走路，对人类的繁衍没有太大影响，人类的社会性决定了婴儿需要成年人的保护和哺育才能成长，自然环境对婴儿的影响较小。

这是人类进化所致，只能由养育者们来弥补。而一代一代的母亲们，就这样承担起了人类进化和繁衍的责任。

难搞的激素

回到妈妈这个身份上，很多新手妈妈在生产后的半年乃至两年中，都陆续产生了一样的感受：强烈的焦虑、对新生儿的强大保护欲、情绪起伏快速且强烈、容易被负面情绪控制大脑，甚至出现轻生的念头。

从生理学上看，之所以出现这样强烈的情绪，是因为产后女性的身体中有好几位强有力的家伙在捣乱——雌性激素、孕激素、黄体激素、催乳素、催产素等。

女性在怀孕期间，需要垂体、卵巢和胎盘分泌的各种激素相互协调，才能维持正常的妊娠。尤其是雌、孕激素，对于调节母体与胎儿的正常代谢起到了极其重要的作用。

产妇一旦分娩，皮质激素、性激素的分泌会迅速减少，经过几个月至一年多的时间会逐渐恢复到妊娠前的水平，同时新手妈妈要承担喂养任务，催乳素的分泌量此时会急剧增加，这些变化必然会影响到神经系统功能的稳定性。

一句话总结：有些激素是怀孕所需要的，产后便急速下降；有些激素则是因为开始泌乳而升高的。

此时由于体内的黄体激素和雌激素因妊娠的结束而骤减，会对新手妈妈的身体、情绪、心理活动产生很大的影响。

《西尔斯怀孕百科（升级版）》中《提高演出水平的激素》一章写道：

怀孕期间，催乳素升高，分娩时有所降低，然后在最需要它的产后头一小时，奏响最强音，作为神经化学协调员，激活泌乳，帮助妈妈和宝宝建

不做牺牲型的妈妈：
爱孩子，更要爱自己

立连接。

从生化的角度来说，神经科学家认为催乳素在妈妈和宝宝之间引发"积极的成瘾"，这是对分娩的辛劳给予的"基于大脑的奖赏"。分娩的另一个奇迹是：分娩的激素和声提高了我们称之为依恋激素的水平，将妈妈和宝宝拉得更近。

一个新手妈妈疯狂地爱着自己的宝宝，那种所谓天生的母性，体现在对婴儿全方位的霸道控制欲上，这种激烈情绪的来源，很可能就是催乳素了。

有的时候，我回忆起自己刚生产完那半年对孩子的控制欲，自己都不免要打一个哆嗦——我的天，难道这不是成为一个变态控制狂的前奏吗？

但一想到背后是这些不受控制的激素们在搞鬼，我立刻原谅了自己。

没办法，这就是孕育生命所付出的代价啊！

而我也借此机会，学会站在各种各样的角度认识这个"我"，明白了自己的意志有时候根本不管用，也就更加没有必要苛责自己了。

难搞的关系

小小的一个新生儿，却能改变整个家庭成员之间的关系。

很多女性在结婚之后，家中的婆婆和妈妈都会鼓励她快生："你只管生就好了！"

可孩子真生出来，她们却都改了说法，变成了："孩子还是要妈妈多照看，这样对孩子好。"

爸爸、奶奶、姥姥，这三个人到底能不能同心携手育儿？这是很多新手妈妈的世纪难题。

随着新生儿的出生，即便没有激素干扰，新手妈妈也会发现，一开始设想的四五

个大人轮流照顾孩子和产妇是不现实的。带娃的生活是艰难的,最艰难的部分不是没有人帮忙照顾孩子,而是居然还有很多人是来添乱的。

说到这里,各位妈妈们是不是非常感谢这个世界上有月嫂这个职业,有月子中心这个地方?

这简直是全体育龄女性的福音。

生孩子有那么多危险,养育道路如此艰难,最起码让我们坐个省心的月子吧!

缺席的伴侣

在医院的妇科、儿科都存在着这样一种"奇观":大量无所事事的男性占据了绝大部分的等待区,他们也许在玩手机游戏,也许在接繁忙的公务电话,也许在发呆,也许在帮忙时因为手忙脚乱或者问一些蠢问题而挨骂。

因为这种情况经常发生,很多女性在孕期时就未雨绸缪,努力将自己的丈夫纳入一起准备育儿战斗的阵营来,不管是孕期让丈夫陪自己去产检,还是让他承担部分家务劳动,都算作是对未来的准备。

当孩子出生之后,妈妈们很快就发现,育儿嫂和长辈会将丈夫应该承担的许多工作抢走,而伴侣本人似乎也缺少做爸爸的自觉。

这种时而视而不见、时而装作不懂的狡猾行为,难道不会被女性发现吗?

事实上,大部分女性都是会发现的,因为人总是有一种敏锐的察觉力。只不过产后的妈妈们在育儿生活中相当疲惫,无法花太多时间和精力去计较这些。于是许多爸爸们就这样浑水摸鱼,直到妈妈们的情绪积累到不得不爆发的时候,他们无法回避,才会做出回应。

注意,是回应,不是改变。

当男性在想"她这么生气,我好像得做点什么"的时候,其实女性已经十分痛苦

了,这时候女性期待的是男性的重大改变,而许多男性往往只是简单地给出口头回应。

"我知道了""那好吧""我会努力的",甚至推卸式的反问"那还要我怎样呢"。这些回应既不能在情绪上安抚妈妈们,也不能真正体恤妈妈们的辛劳,更别提在行动上做到真正支持和分担。

有一部分女性十分厉害,她们能迅速判断出情况对她们十分不利,此时必须要让这个男人动起来,自己才能获得喘息的机会。此时此刻她心里想的是:既然你要当个懒驴,那我也只能当母老虎去管教你了!

不同于这种泼辣的手段,世界上有些所谓的为"幸福女人"传道授业的专家告诉我们,要懂得经营夫妻关系,女人要小鸟依人,要用对方式方法,巧妙地让丈夫听你们的话,并且为家庭付出。

还有一部分女性(包括我自己)被曾经的教育、经济、思维限制,哪怕看十本这样的书籍也没用。思前想后,既不想向别人伸手要援助,也不想放下身段去讨好他人。

我明明也在上班赚钱,干吗要把丈夫当老板一样曲意逢迎呢?再者,我为什么要像驯兽师一样,把丈夫当成动物去训练呢?

一些懒惰的父亲享受了孩子喊的一声爸爸,但没意识到自己做得不够,久而久之,他们真信了自己确实做得十分完美。

妈妈的孤独,是那么难以疏解。

除了月嫂和月子中心的护士,极少有人能够在漫漫长夜替代母乳妈妈们夜醒;也很难有人会同时体会到下体侧切疼痛、乳头皲裂疼痛、涨奶堵奶疼痛……这些疼痛接二连三、紧锣密鼓地在身体上发生着,可许多妈妈们却连基本的洗澡的自由都不能享有。

身体遭罪让妈妈们苦不堪言,但更让人感到孤独的是,当下没有一个人能够与自己共度风雨。

  这种深深的孤独甚至让妈妈们开始怀疑：真爱这个玩意儿到底是否真正存在？

  可是当看到身边酣睡的婴儿忽然微微一笑时，我们酸涩的心头仿佛吹进一阵暖和又温柔的风，这就是爱啊！

新手妈妈到底有多难?

第五章
新手妈妈到底有多难？

在养育孩子的初始阶段，也许是新鲜感和高亢的激素使然，大部分妈妈对孩子的耐心极大，对自己的感受却很少在乎。

或许，是来不及在乎。

通常3个月之后，会有一些妈妈们回过神来："怎么回事，难道我的人生就这样了吗？"

这句自我反问的杀伤力极强，足以让妈妈们或是在浴室里边洗澡边流泪，或是在午夜醒来时失魂落魄。

于是，我当了妈妈之后，经常会思考：为什么长久以来，很多做了妈妈的人并没有当今社会的妈妈们那么多不好的感受和痛苦？

不好的感受如此之多，是我的问题吗？

难道其他妈妈都是愉快的，独独只有我这样难熬？

信息大爆炸

社会在不断进步，也许有很多方法能让人类从琐碎的劳动、基础消耗中暂时脱离出来，但女性肩负的压力却越来越多、越来越复杂。

首先，"妈妈"这个角色所承载的压力和劳动并没有减少很多。在某种程度上，过去之所以"听不见"什么诉说，仅仅是因为能够引起重视的诉说太少。

100多年前，女性很少有话语权，谁会听她说？恐怕只有后院里、家里的女性们。

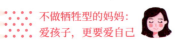
不做牺牲型的妈妈：
爱孩子，更要爱自己

男性不怎么会听到这些话，即便听到了也会嗤之以鼻："头发长见识短，就知道抱怨家长里短的事情。"

他们倒是从来没想过，女性有看外面世界的机会吗？既然没有，又如何能"见识长"呢？

其次，近百年来，中国女性解放运动为女性们的地位争取到了巨大的提高，使女性有了受教育的权利，也有了参与许多事务的权利，将女性从没日没夜被家务事缠绕的境地中解放出来，女性这才有了长见识的机会，也有了更多话语权。

然而，社会仍旧无法将家宅之事通过书本知识的方式，让全体女性郑重对待、好好学习，讨论的重点落在那些所谓"男人擅长的事情"上面。

好在互联网时代来了，人人都拥有了发言权，也有了发表言论的一席之地和自己的拥趸。各类信息疯狂增加，每天都会产生看不完的观点、读不完的文章。

古希腊著名哲学家芝诺有一句经典名言：人的知识就好比一个圆圈，圆圈里面是已知的，圆圈外面是未知的。你知道得越多，圆圈也就越大，而不知道的相应也就越多。

"知道自己不知道"引发了许多人巨大的压力和焦虑，前文我们也讲过这种心态，容易被"完美要求"牵着鼻子走。同时还会引发竞争心理，总害怕自己做得不够好。

心理学把这种现象叫作"过度思虑"，几乎每个人都遇到过。但育儿的思虑实在太大，一旦想到自己的丁点儿差错会影响另一个生命的一生，就很难轻松得起来。过度思虑属于典型的精神内耗，不但会耗尽精力，降低行动力，让人感到疲惫不堪，降低对生活的满意度和幸福感，甚至还会影响人们对自己存在意义的认知。

哪怕是再厉害的教育学家，也会在育儿道路上遇到问题，也会有请教别人的时候。

在这个竞争激烈的社会里，想要保持平常心，走好属于自己的路，反而成了一种奢望。

物来顺应，未来不迎，当下不杂，既往不恋。

这个世界上最独特而珍贵的事情，其实是在纷纷扰扰中还能坚守初心。

第五章
新手妈妈到底有多难？

时代烙印

我们这样的妈妈并不是一直以来大众眼中的"妈妈"，时代的变化在我们身上体现得淋漓尽致。从小听着"妇女能顶半边天"长大，父母并没有因为我们是女孩而克扣学费、影响未来，我们可以通过自己的努力学习、工作、创业，我们从来没有因为自己是女性而放弃过自己。

这样的我们，怎么会因为当了妈妈，就莫名其妙地开始按照社会和大众认为的那样，去做个"完美妈妈"呢？

他们以为的完美妈妈，是任劳任怨的，是牺牲自我毫不保留的，是为了孩子丧失所有选择的，也是沉默着认命的。

可我们不是。

我们努力地长大了，也会继续这样努力成长，一直到老去。

于是，自我与妈妈的身份反复拉扯着，拼命争夺这具生命体上的灵魂与精神。我们感到痛苦、自责，同时也很费解。

我们不懂，为什么只有自己为此而痛苦？

是不是别的妈妈都不痛苦？

是不是只有我？

为什么孩子的爸爸不会感到痛苦？

到底是哪儿出了错？

是我的问题吗？

这些问题，没有人会回答。我们的母亲没有经历过内心的撕扯，我们母亲的母亲也没有过这样的思考。环顾四周，感到不快的妈妈们还未能意识到，这样的困扰是一种集体现象，而非个体感受。

时代的变迁，会在一代人身上产生深深的烙印，这也是为什么同一时代人的共同

记忆很容易引起大家的共鸣。

我们这一代人大部分都是独生子女,从小就拥有属于自己的空间,这种空间上的隔绝和保护犹如氧气一般,在你拥有时不会感到有什么特别,可是一旦失去,就会感到窒息般难受。

哪怕我不是独生子女,但我从小就一直拥有自己的卧室、书桌、书柜、衣柜,在我的空间里,我有锁门的权利,也有敲门不开的权利。

但这个权利在生了孩子之后,就骤然消失了!

记得在育儿的第一年,最让我崩溃的事情,是自己连上厕所的自由都没有了。坐在马桶上还没有十来秒,门外便贴上一双肉乎乎的小手,一边拍着门拼命想挤进来,一边喊着妈妈妈妈。不超过十秒钟,我就得提起裤子走出卫生间,不然就会有密集的号啕大哭来催我了。

更别提费时更长的洗澡了,婴儿的身上似乎有一只和我紧密联结的雷达,只要我一站在舒适自在的淋浴下,他就会醒过来将我"抓"回床铺陪睡。

相信如我一般被剥夺如厕、洗澡自由的妈妈不在少数,于是我们都学会了洗"战斗澡",也曾罹患痔疮之痛。

真是不言则已,一言就要心痛。妈妈们过着的是什么样的生活。

很多女孩子都经历过自由自在的大学生活,毕业后刚工作的几年,也是过着自由自在的生活。和现在所过的生活相比,心理落差太大。

也许你看过张爱玲的书,看过亦舒的书,看过琼瑶、席慕蓉、张小娴的作品,你对自己的人生规划是繁华城市、辛勤工作、开司米大衣和羊皮小包,也许有美好的爱情,这里面可没有婚后变成死鱼眼珠子什么事儿。

我们能感受到人生因为自己的努力,越来越能被自己掌控,自己离曾经憧憬的独立、美好的生活就差一步。

很多声音告诉我们,那一步是结婚生子。可万万没想到,这一步踏出去,却是一夜回到解放前。让人从引以为傲的现代女性,瞬间坠入八点档婆媳剧里,世界仿佛在

嘲弄你：任你天高海阔，此时不还是屎尿屁多？

这能那么快适应吗？不可能啊！作家艾小羊说：一个人的舞台越小，越容易执着于细微之处，这种执着既让他们痛苦，同时又为他们提供了脆弱的安全感。

从前年纪小时，我是最不爱听我妈跟我说那些家长里短的事情的，应付两句拔腿就跑。现在我35岁了，我才知道这就是妈妈的世界，当你有了一个孩子，就得进入家长里短、鸡零狗碎的世界。这一路走来，周围世界便一圈一圈地缩小，最终成了这样小小的一方天地。

女人内心的那双翅膀，如同家禽一般，虽说是禽类，前面加了个"家"字，也就意味着翅膀只剩生气时忽扇忽扇了。

此时若是还要苦哈哈地苛求自己，那也未免太艰难了。

挣扎中前进

即便如此，我身边大部分女性并没有因为自己成为妈妈而感到不快过，反而都很憧憬和自豪，她们的自我认知很饱满，内心也并不匮乏。

但为什么还是经常会感觉快要崩溃呢？

除了生理和体力上的巨大损耗，还有种一望无际的绝望感。

有人会说，孩子终究会长大，长大了就好了。

谁不知道这样显而易见的事呢？

可谁能告诉我们，此时此刻，如何才能让妈妈们不那么痛苦？谁能让妈妈们减轻负担，哪怕是睡个好觉，自己跟自己待会儿？

家有幼儿的妈妈们是很少有这个时间和机会的。

因为新冠肺炎疫情而被隔离在家的数月中，很多家长都感到很崩溃。带过孩子的人都知道，带孩子出门也是一种生活的调剂，起码孩子"放电"快，晚上能早点入睡。

所谓的怨妇、泼妇，重点不在"妇"，经历过夜以继日细碎折磨的人都会有怨和

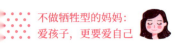

**不做牺牲型的妈妈：
爱孩子，更要爱自己**

泼，这是心理崩溃的征兆。在过去，这样的经历大多数由女人承担，可现在不也一样吗！

现代女性与男性接受一样的教育，考一样的试卷，在职场上也一样努力，最后做了妈妈，一边听着"女子本弱，为母则强"，一边被剥夺人身自由，并且付出不被重视。更不要说这样那样的职场歧视和社会舆论了，于是许多妈妈半夜泪洒床头，白天依然是女战士一个。

为了兼顾育儿，我辞职之后成了自由职业者。然而单靠写作显然无法顶得上原本的收入，于是我做了很多其他的工作，既能在家育儿，时间空间也更自由。

很快，我发现了很有意思的现象，这类能够在时间和空间上兼顾的工作，主要参与者几乎全是女性，而且全是妈妈。其中70%以上的人都是作为副业，也就是说她们还有一份朝九晚五的固定工作。

据我这几年看到和感受到的，女性并不是只顾着育儿。很多女性为了自己、家庭、孩子所付出的努力，远远超出了育儿的范畴。

不管是跨界去学新东西，还是放开手脚做自己不擅长的事，她们都做得很好。在各种压力下，她们并未意志消沉，反而不断进步，真正做到了在自我成长中"富养"自己，优秀的女性真是让人钦佩！

我有时候会觉得，这个世界的确不公平。但我还是和众多妈妈一样，选择去做自己该做的事，而不是就地沦落。

抛开所有赋予母亲的赞歌，我们其实并不需要被刻意歌颂，我们只是做了妈妈，做了一个女性想做的角色。我们付出了许多，也收获了许多。

作为女性，我最不希望收获的是防范和警惕，付出的却是血泪与不可挽回的真心。

妈妈就是妈妈，我们不需要做伟大的人。妈妈只是一个身份，神化它、强行赋予它别的意义，都是不合理的。

请用各种方式去缓解病人承受的身体苦痛，而不是独独要求女性因生产而忍耐。

请用能力承担其他家庭角色的责任和义务，而不是一味加重母亲的负担。

请改善女性群体的社会环境、法制和舆论，而不是冷漠地戴高帽，巧取豪夺她们应有的保障。

这5年多来，我的孩子礼物从嗷嗷待哺的高需求婴儿，成了一个越来越懂事的小男孩。他终于学会了用温柔的方式去表达爱。

今年母亲节前夕，礼物问我："妈妈，我是从你肚子里出来的吗？"

我说："是的。"

他继续问："那我是怎么进去的呢？"

我第一次没有用常规的方式解释这件事，而是很浪漫地说："你还是小天使的时候，在天上跟很多小天使在一起，排着队选妈妈。"

礼物很惊讶："选妈妈干啥？"

"因为有很多妈妈都想要小宝宝，你也在想，选谁做妈妈呢？最后，你选了我当你的妈妈。"

他很高兴："我是从天上选妈妈的！"

礼物啊，我没有选过你。其实，你也没有选择我，而是那样毫无防备地降落在我的肚子里。

我选过的人，只有我自己。我成了一个妈妈，做了一切能够做的，妈妈只是其中的一个角色而已。

我痛苦过、难受过，但我不后悔。

是孩子的出现，让我的生命更丰富。

第六章

孩子还是自己？不是道选择题

上一章提到了坚守初心的珍贵之处，但很多时候，坚守初心意味着要放弃很多。

尤其是成为妈妈之后，我似乎经常要做各种各样的选择。

要做全职妈妈吗？我相信很多妈妈在育儿初期都做过这样的考虑，试图权衡利弊，在育儿和工作之间做出一个选择。

究其根本，这也是对自己角色的选择。

育儿即孩子，工作即自己。

两者的冲突来源于，一个人的精力和时间是有限的，24小时分配下去，给孩子会得到什么？给工作会得到什么？

我们都是精明的人类，可做这个选择，我们想得明白吗？

这是人生啊，算不清的。

这个世界上有一种职业：365天全年无休，几乎没有个人空间和时间，不仅要牺牲个人的喜好和自由，还要随时随地熬夜加班，而且一分钱报酬都没有。

这样的工作会有人做吗？

当然有，而且全世界有十几亿人都在从事这个职业。这个职业就是全职妈妈。

也许你会认为，全职妈妈大多数都是上一代人。

然而并不是。事实上如果你还存有儿时的记忆，就会发现，我们父母那一代人在育儿上还是比较幸福的。

上一辈人的父母大多都是农民出身，没有长期稳定的工作，尤其是二三十年代出生的妇女大多没有受过系统教育，也就根本不存在职场女性。仿佛任劳任怨地操持家

不做牺牲型的妈妈：
爱孩子，更要爱自己

务、带孩子们长大就是她们一辈子的主要"工作"。当时妇女生育较多，通常不止一个两个孩子，所以他们的兄弟姐妹和其他家人都能搭把手。像我和我的表兄弟姐妹们小时候，经常被舅舅姨妈或者叔伯姑姑们照顾。说到这里，不得不承认，但凡家里有人能搭把手，育儿也不会如此艰难。

当时的国家领导人为了提高生育率和妇女的劳动参与率，推动大量的单位、工厂为生育女性提供足够的公共育儿空间和育儿补贴等，并且为她们育儿提供更多更好的社会化服务。

八九十年代，许多单位都设置有低龄幼儿的保育院，我就是1岁半的时候开始上我妈妈单位的保育院，等大一点了再上幼儿园，放寒假暑假的时候我还经常跟着父母去上班。

我们这一代人就这样稀里糊涂地长大了，我们的父母也稀里糊涂地把娃带大了，这也就是为什么当我们的父母看到现在的孩子如此难带时，感到很诧异和不解的原因。

据《2019年度中国家庭孕育方式白皮书》中的数据显示，中国年轻父母全职在家的比例逐渐上升，占比58.6%，其中，95后的全职妈妈占比已达到82%，她们更多集中在低线城市。

即便不当全职妈妈，根据一份调查显示，受家务劳动特别是生育影响，34.5%的女职工收入会降低，24.2%的女职工升职机会被影响，17.7%的女职工职业之路被中断，16.6%的女职工失去进修机会，16.3%的女职工产假后未能返回原岗位，7.8%的女职工社保被中断。

也就是说，作为女性，如果走入了婚姻和生育的路，就要面临失去职场机会、收入降低等困境。而你一旦选择了做全职妈妈，很可能就彻底告别了职场。

你想"富养孩子"，却连富养的条件都没有了。

母职的桎梏

成为母亲之后，我发现自己置身于一个两难境地。

要么保持独立，不做"贤妻良母"，但多半对丈夫和孩子（主要是孩子）怀有亏欠之情；要么为了符合主流社会的观点，选择做一个"贤妻良母"而牺牲自我。

意识到这一点，是因为我的父母也会参与到"别人家不称职的妈妈、妻子或儿媳"的声讨中，当我成为一个妈妈、妻子、儿媳的时候，这样的论调让我格外敏感和不适。

也就是说，我并没有因为自己生了儿女，就轻易改变自己既有的认知和思维模式。

男权社会中，几乎每一个人都是接受男权思维和男权教育长大的，这种模式深入骨髓，难以逃脱，这也是很多女性在成为妈妈之后，感到自己"没有家"的原因——丈夫家根本算不上自己的家，而自己的家已经将自己"剥离出去"。

我重读有关"贤妻良母"的文献，特别注意到周恩来总理在1942年写的《论"贤妻良母"与母职》一文，他认为"贤妻良母"作为一个固定搭配，其所指已经联结上特定的意识形态内涵，甚至于在前面冠以"新"字也不能解除这种联结。

早在1942年，周总理就提出要给家庭妇女以平等的社会地位和政治地位。贬低家庭妇女，则是"男权社会的拥护者"无疑了。

杰出的妇女社会活动家罗琼在《从"贤妻良母"到"贤夫良父"》（《妇女生活》第2卷第1期，1936年1月16日）中提出：所谓贤妻良母，就是封建社会奴役妇女的美名……我们承认妇女应该为妻为母，但是我们觉得妇女还有更重要的天职，这就是参加社会生产工作，进而促成不合理的社会制度改革，假使背着妻母这块招牌，而用贤良的美名，想把妇女骗回家庭中去过他们的奴隶生活，这是我们必须坚决反对的。

一个世纪后，作为新时代的女性，我们要做的，是跳出这种"母职"舆论的控制，转而在社会文化中建立一种新常识：母职是与一切公共领域的工作一样有意义、有价值的，它不是一种次等的劳动。

但这不是要强制所有女性从事同等强度的母职劳动，女性可以在她自身所处的情境中，决定履行母职的方式和介入程度。

我们可以理直气壮地自由决定！

我们当然可以是独立的贤妻良母，可以是有主见的贤妻良母，可以是参与家庭决策的贤妻良母，也可以是参与公共事务的贤妻良母。

当我不再被母职的必然和道德感一叶障目的时候，我终于意识到，我完全可以在生儿育女的过程中，在家庭经济的管理上充满能动性。

同时，重要的是——父亲履行父职是母职得以自由实现的重要基础。

如果有人把家庭育儿与母职强行绑定，忽略父亲的职责，甚至刻意替父亲的缺席开脱，那么这种观点是我们必须坚决反对的。

全职妈妈的痛楚

英国作家沙尼·奥加德在《回归家庭？家庭、事业与难以实现的平等》这本书里说：英国的全职妈妈中有 1/5 受过高等教育，而美国的全职妈妈里 1/4 拥有大学学位。

在英美国家，妇女在劳动人口中的比例逐年攀升。

这意味着虽然女性就业率上来了，但是当一个女人成为妈妈，那么她们退出职场的可能性约为未生育女性的两倍。而这其中很多是高学历、高收入女性，主动中断自己本来大有可为的事业。

是因为她们不爱工作吗？

恐怕不是。她们是不得不回归家庭。

书里采访了大量高学历、高收入的女性，她们离开职场，大多是因为丈夫从事高强度、高要求、高时长的工作，当家里必须有一个人照顾孩子的时候，这个人自然成了女性。

选择当全职妈妈，也不是一个轻松容易的决定。

第六章 孩子还是自己？不是道选择题

在我倾听很多全职妈妈的决定过程时，我发现，小孩生病这件事大概率会促使妈妈痛下决心。

此时的妈妈会陷入深深的自我怀疑中，反思到底为什么要生孩子？如果不生，他就不会到这世界上受这样的苦，妈妈也不会因他受苦而感到心痛和苦涩。

他醒着哇哇哭，你又急又恼；他睡着了安静如天使，你又心疼又后悔；他被灌药扎针，你恨不得以身替代。一旦当了妈妈就是这样，孩子受的任何苦都像刀子一样割在妈妈心上。

你可能后悔生他，这样就不用如此牵动心弦，孑然一身、自由自在。

可这个如小小的花朵一般的人儿已经躺在你的怀中，后悔也来不及了，总得承担起这份责任。抬起头环顾四周，将他交给谁也不放心，只能把自己彻底让渡出来。

这个决定的代价是什么，其实很多女性不够清楚，甚至还会因为丈夫和其他人的承诺而放松警惕，产生"这样也不错"的错觉。

很多全职妈妈用这样一种说法麻痹自己：给孩子100%的母爱和陪伴，是富养孩子的最大基础，我的付出是这个世界上最奢侈、最昂贵的东西，是钱买不到的。

可能没有这样的谎言去支撑，就难以解释这个愚蠢的决定，也无法接受自己在不得已之下做出的决定。

各位妈妈们，这件蠢事偏巧我也干过。

我在刚辞职的时候，最害怕别人问我为什么放着体制内央企的工作不要，选择回家带孩子。

说不心虚是假的，我也知道带孩子这件事又难又苦又没有报酬，可是我没有别的选择。我生完礼物后，出现了一个始料未及的情况：我父母因为种种原因不能帮我带孩子，公婆还没有退休（不愿意放弃高薪工作），家里雇请了一位远房亲戚来做保姆，能帮忙搭把手。但这位关键人物在礼物1岁半的时候，辞职回老家给自己的儿媳带孩子去了。同时，单位突然要求恢复所有人的正常坐班制度——从来都是这样，第二天要执行的事情前一天傍晚通知，真是气得我又跳脚又慌乱无措。

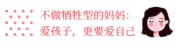

这样的情况不少见——带娃与工作时间上的冲突，别的家庭也许有老人临时顶一把，但我没有，我只能靠我自己。

当时我真的非常窘迫，求爷爷告奶奶地四处奔波，来来回回地找新保姆。心里隐隐也做好了准备，万一没有靠谱的育儿人选，我只能辞职。

实在没办法，终于找到了一位能够早八点工作到晚六点的阿姨先顶上。于是我开始了家里和单位两头跑的生活，从早上七点开始马不停蹄地带娃、工作、午休回家、带娃、工作、晚上回家带娃、睡觉。

周而复始，还不满1岁半的礼物经常夜醒，我无法彻夜安睡。

坚持了两个月，我快要崩溃了，一想到这种日子要过到礼物3岁上幼儿园，还有一年半的时间等着我熬，顿时更痛苦了。

艰难抉择之后，为了身心健康，我选择了辞职。

好在当时我已经有了很多额外的收入，家里的保姆也在继续帮忙，从这一点上来讲，我还不能算是全职妈妈。

做全职妈妈的前几个月，我还是挺自得其乐的，觉得这样的生活挺不错。纵然很多人都遗憾我就这样退出了职场，我还是没觉得这有什么大不了。

最触动、最刺痛你的感受，往往来自最亲近的人。哪怕我从未问丈夫伸手要过钱，但当我成了全职妈妈之后，作为最应该支持我的人、直接享受我的劳动成果的人，他的态度却产生了微妙的变化。

他开始认为家务活是我分内的事，开始不再在乎我对一些事情的看法，原本就爱玩的他开始变本加厉，找借口不回家，言语中也会表达出对我的付出的藐视，并且认为我是那个对家庭贡献最小的人，因为我看起来什么也没做，即便做了也是做的最轻松的事。

女性从事家务劳动所付出的艰辛是大众难以想象的。

据统计，家庭主妇每周的工作时间大约在77小时到105小时，几乎是现代标准工作时间的两倍，如果是全职妈妈，工作时间更无法估量。

同时，女性对家务劳动自始至终都有很强的使命感，几乎每一个人都为自己配备了一套细致、完整的日常工作流程，而妈妈们还要把育儿这件事做好，这种双重责任感和压力促使全职妈妈成了世界上最焦虑的人群之一。

当我回顾曾经，似乎其中很多环节都把自己推向了不好的境地，各种原因交织在一起，让人无法抽丝剥茧清晰地分析。

艰难回归

我相信，有很多女性选择成为全职妈妈也是跟我一样，并非完全自愿，而是形势所迫。

放弃自己努力多年的工作不容易。但全职妈妈的回归更加艰难，尤其是当一个人与工作环境断联一两年以上，在 HR 的眼中就和刚毕业、工作经验为零的大学生没有区别，甚至还不如这些年轻人好用。因为他们精力充沛、没有家庭和孩子要顾及，对工作的投入要远远高于全职妈妈。

为什么很多职场妈妈在双重痛苦之下依旧坚持着，是因为她们看到了另一条路上的绝望更甚。

不得不说，不论是职场妈妈还是全职妈妈，都是非常辛苦的。

当这些现实的困难摆在眼前，很难有人能够做到心平气和，我相信绝大多数女性都不是精力旺盛、一边怀孕一边读博、带娃升职两不误的超人妈妈。

当我们成为妈妈，似乎明白了中年人生活的真实面目，仿佛自己其实是一个救火队员。我们的生活每天都在着火，不是孩子就是工作，还经常有个猪队友在旁边添柴火。

对于这样兵荒马乱的生活，我总结了一些心得。

一个屋子不需要四处都是通天落地窗，一个人也不需要时时刻刻都感受到自由，但她需要能够感受自由的权利。所以妈妈们要跟丈夫沟通自己的需求，建立一个固定

的只属于你的时间段——"喘口气时刻"。让你喘口气,生活就能变得好很多。

不管这个时间段需要花钱实现,比如请育儿嫂或小时工,还是需要爸爸单独带孩子出去,或者他们留在家里,你单独出门去喝个咖啡看本书。这个"喘口气时刻"是有必要的。

千万不要为还没说出口的要求去找不可能实现的借口,不要想太多,这个小小的"喘口气时刻"一定要为自己争取。

相信我,当一件事对你很重要很重要的时候,全世界都会给你让路。

用这个小小的自由,逐渐将自己的主动权拿回来,这段时间只属于你自己。

回归是艰难的,也是必要的。

想起之前看过董卿的一段采访,她对于全职妈妈以及有了孩子后的生活的一段话,想要记下来与大家共勉:

> 我其实有一个适应的过程,一下子所有的时间被他占据了,然后变得很琐碎、很平庸。你要在很多的地方平衡,既不能说我的世界只有我,也不能说我的世界只有他。
>
> 你一定要在彼此的世界里面,做好一个平衡。
>
> 所以我总觉得,我还应该很努力地,去把自己变得更好。让他在未来真正懂得的时候,对于你有爱也有尊敬,他从你身上可以学到一些好的品质,我不想放弃我继续成长的可能,我不想因为他变得止步不前。

做任何一件事都不能一蹴而就,当妈妈也是一样。妈妈和孩子之间,并不是取舍关系,而应该是一个动态平衡关系。

这个世界微妙的地方在于,人们一般不会想象当下对未来的影响有多大,只能在懵懂中感到必然会有影响。

这种影响在哪儿、何时发生、会是什么样？

谁也不知道。

如同种下一颗种子，浇花人固然重要，但阳光、微风、雨水、雪花都有它的作用。

陈忻在《整体养育》中所讲的一段话，深得我心：

> 养孩子不需要像抓紧一把沙子那样，抓紧所有有限的、看得见的因素。孩子的发展是他和各种因素合力产生的结果。各种力一起作用在孩子身上，有的力大一些，有的力小一些，最后的结果如何，要看合力的方向。

在这些力当中，我们应抓住主要矛盾，放下次要矛盾。而妈妈这位养育人自身的身心健康、可持续发展，就是主要矛盾。

在生育初期的忙乱之后，妈妈们不妨将一部分时间和精力逐渐放到自己身上，做好与孩子"共同富裕"的准备。

第七章

把育儿当成项目来管理

第七章
把育儿当成项目来管理

平心而论,现代育儿的工作量之大,难以估量,父母辈如果完全不帮忙,不免显得冷漠。

我并不赞成要求一位女性既承担生产的风险,又承担育儿的艰辛,还要做一位与时俱进、赚钱工作的职业女性,只为了"什么也不耽误",或者"完美妈妈"之类的评价,这是用"富养孩子"的枷锁,挖了个实实在在"穷养妈妈"的大坑。

如果将育儿比作一个项目,那么项目成败的直接负责人——也就是项目经理是妈妈或爸爸,项目组常任组员是妈妈和爸爸,不定期参与的组员可能有爷爷奶奶姥姥姥爷,项目组付费外包公司为家政公司,项目组的付费神兵是育儿嫂。

这样一个年龄跨度大、知识水平参差不齐、来自不同地域和家庭,甚至想法不一的项目组,对项目经理的要求可谓是高出天际。

但有个组来出力,总比没有强。

毕竟我们不仅是妈妈,还是我们自己,总不能活活把自己累死。只有有效利用资源配置,才能把生活、育儿、工作、自我都给盘活,不至于让自己穷途末路。

实话实说,在资源利用这个方面,我确实做得十分不好。巧妇难为无米之炊,项目组成员常年缺席,最终不得不放弃了一些角色,才留下了自己的半条命。

所以本章内容,多半都是用血泪换来的经验教训,回忆起来也是相当惨烈。

无法估量的工作量

每个家庭的情况各不相同,但大部分家庭的主要矛盾其实都差不多。

说到底,谁不愿意在自己的舒适区里快乐"躺平"呢?可孩子的出生搅乱了一切。

养育孩子的过程,必然是不断付出的过程。时间、精力、情感、金钱……这些付出是日积月累的,任何一个人都不可能在这个过程里毫无怨念、始终保持平常心。

世界上也不会有完美的解决方案,一定要做出取舍。

我在这里要为大家划重点"敲黑板",取舍的原则就是:舍弃可再生资源,珍惜不可再生资源以及再生困难资源。

比如,可承受范围内的金钱就是可再生资源,一定范围的私人空间让渡是可再生资源,身体与心灵的健康是不可再生资源或再生困难资源,亲密关系破裂是不可再生资源。

这样一想,我们是否更能理解外国家庭中喜欢请小时工、家政服务人员、育儿嫂的行为了呢?

现代化家庭在国内才30多年历史,经过培训的家政服务中心和月嫂走入工薪家庭也只是近十几年的产物,这一点上,国外确实要比我们更超前。

也许会有一些妈妈问:同样的家庭劳作,请别人来做,需要花费不少钱,但我自己做或者请家里人帮忙,不就能把这部分钱省下了?

能省下固然很好,很多时候,省钱意味着要消耗自己的体力、脑力。这种消耗,不是寻常人能承担的。

我曾经看过一系列小小的插画,是插画师艾玛所画,插画中的丈夫经常会说这样一句话:"你怎么不告诉我去做呢?你告诉我,我就干了呀!"

恐怕每个妻子都听过这样的话。

这句话有什么问题吗?看似没有,好像还颇有道理。但其中包含的巨大工作量,

第七章
把育儿当成项目来管理

是不能用金钱衡量的。

如果一个男性总是依靠他的伴侣去给他分派家务，那么他就把妻子当成了家务事的项目经理。

在这种情况下，"项目经理"需要知道什么家务需要做，以及需要什么时候做完。在任何一家公司里，规划和管理本身就是一份全职工作。在职场中，如果一个人负责管理项目，那么他就不会参与到具体的项目实施中，因为他根本就没那个时间。

所以当大家要求女性去承担家务事的管理职责，又同时要求她们去做绝大部分的家务时，最终她们会承担家庭中至少75%的工作量，女性主义者称之为"精神家务"，承担精神家务意味着你必须得记住所有的事，并且将它们统筹规划，把握进度并达到效果。

你得记得把尿不湿加到购物车，宝宝又长高了3厘米，需要买新衣服，本月全家必须去打流感疫苗，明天要给保姆把上个月的工资结了，丈夫已经没有干净的衬衫可以换了……

精神家务几乎全部由女性承担，而且是一项长期的、累人的，并且容易被忽视的工作！

对于我来说，我开始意识到这种"看不见的家务"的存在是在我结婚之后。

早晨起来，我甚至会从起床的那一刻开始做家务。床旁边堆着昨天晚上丈夫脱下来的脏袜子，我将它拿到小洗衣机里，开始洗手洗脸，刷牙过程中看到了他早晨起来弄脏的面盆，一边刷牙一边清洁。走到餐桌前看到他出门前揉成团的餐巾纸，拿起来丢到垃圾桶。到了门厅，看到他找东西时拉开的柜门和抽屉，把弄乱的部分整理好再合上。这个时候，我回头看到了他穿着鞋子踩过整个客厅的脚印……

第二天醒来，依然如此。

那么，男性做家务又是怎样的呢？如果你让他洗碗，他就只会洗碗，厨房操作台上的垃圾他看不见，灶台上的油渍也不会擦掉。

很多男性叫我们给他们分配任务，是因为他们根本就不想分担这项无形的精神家

务。而且很难讲究竟是真的看不见，还是为了让能者多劳，不如一次做得比一次差，最后双手一摊，落得轻松。如果这个方法有用，女性们应该尽早学会这样的厚脸皮才对。

当然，很多人会解释说这是男女有别，天性如此。但这种行为的差异并不是天生的，亦非基因使然。

女性一出生，家庭和社会就会设定好给小女孩们玩洋娃娃和厨具，而当小男孩对这类玩具表现出兴趣时就会被嘲笑和阻拦。再加上孩子们在生活里也确实看到是自己的妈妈在管理家务事，而爸爸则只负责执行妈妈分配的任务。这样潜移默化的影响从孩子们的幼年一直持续到他们进入成人社会，虽然越来越多的女性走入职场，但她们仍然承担着大部分的家务。

所以我们中的大部分人，默默牺牲掉属于自己的时间，只为了能管理好一切。

那么如果彻底成为一位家庭主妇呢？

在《看不见的女人：家庭事务劳动学》这本书中，社会学家安·奥克利记录了家庭主妇从事家务劳动的真实经历与复杂感受：

> 家庭主妇给人的感觉总是很忙，但实际上并没有做任何有建设性的事情，不是吗？好吧，我想它在某种程度上是有建设性的，但是从来没有人真正看到这一点，都认为这是每天的日常工作。
>
> ……
>
> 我认为最糟糕的是，正是因为你在家，所以你才必须做这些事。即使可以选择不这样做，我也并不会真的认为可以不去做，我总觉得自己应该要做。
>
> ……
>
> 我认为家庭主妇同样在努力工作。我不能忍受丈夫回家时说："哦，看看你，一整天什么都没做，只不过做了一点点家务活儿，带了带孩子。"但我认为这很累人，好吧，确切地说不是累人，而是像其他任何工作一样辛

苦——我不在乎别人说什么……连我丈夫都这么说——这是我对此感到如此愤怒的原因。

看，在全世界任何一个角落，家务劳动都是很难被定义、被承认、被看见的一项工作。

分工是门技术活儿

上文所说的性别差异，不光表现在家务活方面，其实在育儿方面也是同样的情况。

很多妈妈表示半夜孩子夜醒哭闹、该换尿不湿，或是快要滚到床边时，自己往往下意识就会醒来，可旁边的丈夫却依然酣睡。

所谓的母性是女性的本能，其实是个谎言，事实上世界上所有的爱都是要去培养的，从来就没有天生的爱。

接下来，让我们捋一下需要遵循什么样的分工原则。

首先，培养优势。

简单来说，就是谁擅长干什么就鼓励他干什么。比如做饭好吃的人就疯狂夸赞他的厨艺，给他鼓励，让他成为家里的大厨。

家庭工作与真正的职场工作最大的区别就是，"员工"只有这么几个人，当然是矮子群里拔高个了，这个时候不能拿外面的标准来要求家里这几位，只要在家里做得最好，就是最好的！

也有这样一种情况：也许他某个方面做得很一般，但架不住爱干。这时候不妨果断把分工划给他。这是典型的快乐工作啊，多有价值感，还有助于情绪稳定。

此时更不应该太吹毛求疵。家庭工作的不同之处就是这样，有人干就行，如果凡事都要争个好赖，就会很痛苦，况且这份工作是没有报酬的。

其次，管理劣势。

不做牺牲型的妈妈：
爱孩子，更要爱自己

有些人不擅长做清洁工作，那么，我们不但不能把做清洁这份工作交给他，还得管理他的行为，避免他在别人的工作成果上捣乱。

这样做有两个好处：第一，减少了工作者的工作量；第二，减少了家庭成员间因此产生的摩擦。

保持家族成员的情绪稳定是很重要的，毕竟生活在一起，很难出现这份工作不想干了要"跳槽"的情况。

最后，谁不干活谁鼓掌。

如同项目管理一样，每组都有个别浑水摸鱼的成员，家庭里也经常遇到干啥啥不成、吃饭第一名的"亲戚"，此时就得要求这位"亲戚"拿出"亲戚"的自觉来，嘴甜些、鼓掌勤快些，贡献出情绪价值。

要是这位"组员"拒不接受，还到处挑刺儿该怎么办呢？

谁是直系亲属就找谁负责呗。

我妈我管，你妈你管，管不住，就是失职，你的问题我不可能替你承担。这个界限必须要时刻铭记在心，毕竟越级投诉可是会承担巨大的风险呢，这一点在外企工作过的妈妈应该很有经验。

这是属于有组织、有纪律的项目组的游戏规则，也就是说，是给能够按照规则玩的人制定的。我相信，有些项目组是一盘散沙，有些项目组至少有一半人自私自利地当甩手掌柜，有些项目组甚至有几个油盐不进的钉子户。

遇到这样的极端情况该怎么办呢？

各位受过教育、自视良好、姿态优雅的老母亲们，请记住一句话：人生当中很多很难解决的问题至少有一半都能靠当个"泼妇"来解决，除了姿态不雅，没有其他毛病。

这不是个完美的主意，但确实是行之有效的解决之道。

也许有些父母辈会认为现代年轻人育儿讲究太多、烦琐之极，但究根结底，还是为了孩子好，甚至于愿意为难自己。谁不知道把标准放宽，工作立刻变得容易百倍，如果人人皆可脚踩西瓜皮，滑到哪里是哪里，岂不是皆大欢喜。

有一句万能的回应："还不是为了咱家娃儿！"相比较那句"父母都是为你好"，可谓是用魔法打败魔法。

想要改变现状，男人们需要意识到他们也应承担家庭责任，这一点单纯靠他们自觉肯定是不行的，要鼓励他们向其他表现优秀的父亲学习，妈妈们也可以尝试"装作不会""放手不管"，以及"看不见活儿"。让爸爸们试着多做些工作。

妈妈们甚至可以适当放手，离家去放松一下，若有出差、旅行、聚会之类的机会，请不要推托，能去就去，不用为家庭和孩子牺牲一切，也不用感到愧疚，角色互换有时候比苦苦硬撑有效得多。

向孩子学习表达真实的自我

第八章
向孩子学习表达真实的自我

回过头去看，她 30 岁之前的人生中只有极少数时刻真实表达了自我需求。

有时候甚至连婆婆的一句"饿不饿"的问话都不好意思直接回答，只会含含糊糊地客气地说："不饿，还不饿。"

其实肚子里已经咕咕直叫，她知道自己有低血糖的毛病，饿了还吃不上东西，自然情绪低落，还要强忍着，脸色看起来非常难看，甚至有些暴躁。却始终不好意思表达自己的真实感受。

不知道有多少人和她一样？

形成这种"毫不利己专门利人"的性格，大约有 50% 归功于她的父母及其他亲属在她年幼时的耳提面命，"你千万要争气，不要像你哥一样""你哥已经不听话了，你再不听话，我们就真的没指望了"，还有 50% 归功于她的敏感早熟。

她还有一点自卑，这种自卑源于她的家人经常不分场合地提及"你穿这个不好看，你妹妹穿这个才叫又白又乖""你腿太粗，皮肤太黑，小时候丑死了，不如你妹，像洋娃娃一样"……即便是获得一些成绩被大人夸奖时，也不忘对她的外表进行一番评价。

这种性格要说一点儿好处都没有，倒也不见得。

她人缘不错，对朋友们算得上体贴包容。同理心很强，容易读懂别人的痛苦，也很容易理解别人的悲伤。

她很有修养，不仅待人接物有礼貌，很照顾大家的感受，甚至有时候在饭局上显得有些长袖善舞。

同时,她对自己有很高的要求,擅长自我怀疑、自我批评与自我修正。

她还容易害羞,总认为自己所做的事和取得的成绩没什么了不起,不值得拿出来讲。习惯任何事有了好结果才轻描淡写地告诉别人,事情没确认之前从不肯吹嘘。

她总是要求自己不仅要美,还要能干实用;不仅要承担责任,还要创造价值。

而她对别人通常没有什么要求,即便有,也很朴实。

甚至愿意为了友情或爱情去改变自我不正确的部分,也许不见得是自己的错,可只要对关系不利,就愿意做出退让和妥协,即便她曾经有过坚如磐石的原则。

不止一个人夸过她"善良聪明""共情力强""好相处又好说话"。

是不是看起来还不错呢?

后来,她生孩子了。

她发现,婴儿想睡觉会哭、饿了会哭、不舒服也会哭,直抒胸臆得如此霸道,这个毫不客气的家伙像一面镜子,照出来一个别别扭扭的自己。

这时她才发现,原来从前的她是这样一个身上有着诸多包袱的人。

哪怕她曾经做了那么多看起来有价值的事情,也取得了一些成绩,可它们最终无以为继,渐渐消失在时间里,成了她不愿提及的过去。

她日复一日在生活里沉默着,尽量不麻烦任何人,也不想惊动任何人。在长久的时间里,成了一个"拧巴"的人。

我们需要吃喝拉撒睡,在马斯洛需求理论的第一层生理需求还无法得到满足的时候,何谈上层需求。

连饿不饿都不敢回答的她,如何能坦荡回答更深层的问题?

其实,她真正无法面对的人,不是别人,正是她自己。

有一天,我在给我的孩子礼物讲情绪认知绘本,突然停了下来,我们明明知道教育孩子正确认知自己的情绪,可为什么我们这些大人却总会在不高兴的时候嘴硬地说"我没有"。

第八章
向孩子学习表达真实的自我

我们到底在伪装什么？

作为情绪感知更复杂、更多变的女性，为什么我们不肯承认自己的情绪？

是期待别人主动发现，还是在期待某种更默契的关系？

作为一个成熟的成年人，我明明知道，这个世界上用语言沟通的时候都会出现误会，心领神会发生的概率是多么小，更何况是时时刻刻都心领神会。蛔虫都得有个反射弧啊！

我曾经也羞于开口表达真实的想法，不敢承认自己的想法，甚至不能自如地表达内心的渴望。

我不仅不好意思表达需求，甚至还很难表达我认为会显得"不够成熟"的情绪，比如尴尬、害羞、天真、热爱……我相信很多女性也和我一样。

一个无法表达真实自我的人有多可悲呢？

你会发现，哪怕你认识了一千一万个人，度过了十年二十年，走过了全世界，你仍然是一粒孤独又卑微的尘埃。

你这粒尘埃是透明的，阳光无法照亮你，因为你从不曾将自己的身体转动，让光折射出去。

其他人永远看不到你，你总是被忽略，总是被误解，总是被想当然。

哪怕我拥有那么多朋友，我也发现了自己的可悲——连最亲密的朋友都不知道我的喜好和忌讳，因为我从来都不说。

后来我与很多女性友人聊起此事，大家大多表示，自己不好意思说，或者不愿意表露太自我的部分，生怕惹人厌。

天啊，原来我们女性如此频繁地表达，却又是如此不善表达。

自我又称自我意识或自我概念，是个体对其存在状态的认知，包括对自己的生理状态、心理状态、人际关系及社会角色的认知。

人在成长过程中对于"我"的认识分为三个部分。

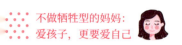

不做牺牲型的妈妈：
爱孩子，更要爱自己

第一个是认识自我的特点。也就是说我有的特点你没有，你有的特点别人没有，这就是自我的特点。

第二个是对自我的期待。也就是你希望自己成为什么样的人，最好是基于对自己的认识，不然期待会跑偏。

第三个是外界对你的期待。比如在工作时，公司对你是有要求的，能不能完成这个要求，得看这个工作和你自身是不是匹配的。

我们来举个有趣的例子。

春天，田里长了一个萝卜，它刚发芽就对自己的认识跑偏，左看看右瞧瞧，自己和旁边坑里的黄瓜长得差不多，都是绿色的，于是觉得自己是个黄瓜。

但时间一长，它忍不住自卑起来，因为萝卜肯定长不成黄瓜的样子，既没有黄瓜的苗条，也没有黄瓜的清香。可它依旧想成为黄瓜，于是在被挖出来放进超市货架的时候，执意给自己贴上了"黄瓜"的标签。

它还没来得及纠正这种错误，一不留神就被顾客买回家拿来榨汁儿，萝卜味道冲，加糖不行，加奶更难喝，怎么调整都不对。

这个时候，顾客很生气：你怎么回事？你骗我啊！

萝卜觉得自己很冤枉：我也不明白这是为什么。

但它从来没想过自己压根不是黄瓜，长得胖胖的不是它的错，如果搭配它去炖肉，又滋补又好吃。

其实，它从一开始就错了。它对自己的认知不准确，对自己的期待也不切实，更加无法匹配外界的期待。

据我观察，生活中这样拧巴地活着的人，不在少数。

似乎每个人都着急地想要活成别人，却忘记了真实的自我，能够承认自己的一切，也能够接纳自己的一切。

复制一个自己出来，你会和她做朋友吗？会喜欢她吗？会爱她、支持她吗？

哪怕你知道她有很多弱点，你还是会选择与她同行，也许她不会让你时时刻刻感到很舒适，但她有一种让你安心的能力。

她会明确地表达自己：

"我饿了，对，我饿得要死！"

"我好困，困得头要掉下来……"

"我好开心，超级开心，因为考证通过了！"

"我现在很难过，心情很差，没办法装作什么都没发生过，你伤害到我了。"

亲爱的自己，你也可以这样做！

这些道理不仅要教会孩子，更重要的是教会自己。只有妈妈学会了，与孩子一遍一遍大声练习，才能体现那些绘本的作用与对话的意义。

如果丈夫没有按照他所承诺的那样做，你感到失望，请直截了当地告诉他：你这样失信让我感到失望，不知道以后还能不能相信你的承诺。

哪怕他并不会像你期待的那样回应你，但起码我们讲出来了！

讲出自己的感受，仿佛替自己看到了这些委屈和不满，拥抱了一下情绪低落的自己。越是亲密的关系，越是需要直接描述自己的感受，这样才能在多次的沟通中，让对方知道这一切。

不要再自己默默承受了。试着去说出来，这才是一个拥有真正的、完整的人格的人应该做的事情。

真实的自我，能够坦陈自己的欲望，表达自己的期待和要求。

"妈妈，我真的非常非常想吃一个冰激凌！"

"妈妈，我太想你了！"

"妈妈，你能不能不要出差？"

我们在孩童时期能轻易说出口的话，长大了反而难以启齿。尤其是女性，似乎不该有欲望，如果你大刺刺地表示："我想要成功。"大概率会收到一片沉默。

大多数人都会这么想："这女的真是疯了。"

不做牺牲型的妈妈：
爱孩子，更要爱自己

同样的话于男性来说，是野心勃勃、有梦想，于女性来说，就是追求物质、太好强。

女性不可以表达自己的欲望，要懂得廉耻，要甘于奉献，要懂事，要识大体，要听话。

从宗教到文化到经济，几千年来，世界各个角落都存在对女性的偏见和束缚。古罗马法《十二铜表法》中有这样的条文："女人由于心性轻浮，即使长大成人了也要有人监护。"这样毫无道理的判定，已然刻进了整个社会骨子里。

女性也要让渡自己的需求和权利。黑格尔认为："女人担任政府首脑时，国家会立即陷入危险，因为她们不是靠普遍标准办事，而是凭借一时之间的偏好行事。"所以他主张将女性限制在家庭领域。

女性从小就被这样教养着长大，当她想要表达时，已经开不了口，如同本章一开始的那个她一样。

好在近些年随着社会的发展，女性受到了教育、参与了社会劳动、拥有了社会价值和参与的权利。

而现在的年轻女孩们也越来越懂得表达了。

我带着孩子出门时，看到有些年轻的妈妈会平静地对躺在地上哭闹撒泼的幼儿说："妈妈现在也挺生气的，你这样躺在这里，我很没有面子。"

真是棒极了！

这样简简单单的一句话，只有做了妈妈的人才知道，要经过多少修炼才能讲得出口。

既要承认自己的情绪，又要表明作为大人在自尊心层面受损，能够平静地讲述这一切，真的是太不容易了！

相信自己，在做真实的自己这件事上，你会上瘾的。

生完孩子之后的5年，我已经完全锤炼成了一个"不要脸"的人。

前阵子的周末,礼物在家里玩自己的电话手表,想到他去上幼儿园的5天里居然没有跟我联络过,又想到我咬牙买下这只昂贵手表时的心情,突然有些不爽:我花这个钱,不就是为了让你跟我联系更方便吗?结果你一个电话一个信息都没有!

想到这里,忍不住怒从心头起,我开口了:"礼物,你上幼儿园的时候想妈妈吗?"

"想啊!"他连头都没有抬。

我更气了:"那你怎么一个电话都不给我打?我还发了信息给你,你也没有回复我。"

礼物茫然地抬头:"噢,我没看手表。"

嘿!你小子,果然是没有意识到我到底在说什么,那就让我更直白一些!

"下周你能不能在想我的时候,打个电话或者发个信息给我?让我知道你在想我。不然你说你想我,我感受不到。"

礼物欣然同意。

于是,接下来那周,我每天都会接到礼物的来电,心情也舒畅了许多。

通过和孩子之间的练习,我也学会了主动表达自己的诉求。以前有些客户总是拖着不愿意结账,我也不好意思去催她们。事实上很多时候我还是很需要她们尽早结账的。

现在我不会为这样的事情纠结了,再遇到这样的情况,当然是立刻发信息给她们,告诉她们我的需求咯!

没想到在养育孩子的同时,也重新养育了一遍自己内心的那个小人儿。接触了许多曾经被自己忽视的细节。其实我一直都知道,却不敢去触碰。

毕竟我是一个被原生家庭、父权、残缺人格、敏感情绪、社会认同等观念裹挟着长大的女人,在此中平衡一直是我的梦想。这几年我终于了解,平衡不过是幻想而已。

没有什么比做自己更加有意义,自我才是生命的源头与力量。

这是无法平衡的,自我无法被掩盖、被平均、被委曲求全,它只要给点儿关注就

拼命生长，最后以不可阻挡之势，成为你再也无法忽视的存在。

然后任由你去苦恼挣扎。深夜辗转难眠之时，它甚至会在一旁暗暗嘲笑几声，巴不得你听到。

不知其他人是如何忍耐的，我这样的急性子，没被嘲笑几次就忍不住要翻脸，翻了脸，再也无法佯装不知。于是假惺惺地被塑造起来的"我"，终于败下阵来。

自我就是这么让人无奈，它可能不完美，可与它站在一起，却又是那样笃定，那些飘来荡去的愁苦与虚无渐渐消失了，感觉更有安全感了。直叫人无以言表地畅快！

这个过程需要持续的、不断向内的探索和发现。

有一段来自摄影师寇德卡的采访："我不习惯谈论自己。对世间的看法尽量不在意。我知道自己是什么人，不想成为世俗的奴隶。如果你总是停留在一个地方，人们就会把你放在一个笼子里。渐渐地希望你不要出来。"

你是否愿意为发现的过程去付出，或者去承担相应的责任？真正能给你答案的，可能只有你自己。

关注自己的感受与想法，努力提升自己，依靠自己，不要以他人的肯定来评判自己。

我就是我，努力的我、失败的我，都是我。被人喜欢的也应该是真实的我，而不是我给别人制造的假象。

真实的自我的可贵之处在于：它会让你感到终于有一个人无条件地、毫不犹豫地、永远地站在自己的这一边。

你与你的自我，并肩作战，永不孤独。

爱自己是一切的前提

第九章
爱自己是一切的前提

爱自己是终身浪漫之始。

——奥斯卡·王尔德

这几年,很多自媒体平台、综艺节目都会提到"人一定要学会爱自己",对这个概念没有实际认知的人,会觉得这个议题是废话,因为生物生来自私,这难道不是天性使然吗?谁还不会对自己好、谁还不会爱自己呢?

在消费主义的浪潮下,主播们会告诉你:遇到自己喜欢的东西就买、心情不好就吃顿好吃的,这样就是"爱自己"。

但是有很多人会说,虽然我买了想要的衣服、吃了一顿甜点,当下觉得很高兴,可很快就会觉得并没有如期那样快乐呢。

甚至很快就会重新变得不快乐。

当你找到真实的自我时,做什么才是真正的爱自己呢?我认为这句话不仅仅是一个口号,更是一种体验和能力。

"爱自己"在中国文化中并不常见,它其实是一个比较西式的概念。这就是为什么我们的社会中提及这个说法时,很容易被解读为给自己一些物质上的补充,而不是给予自己心灵上的关注。就像"富养孩子"的概念体现在实际行动上时,大部分国内的父母还是会偏向物质上的给予,满足孩子物质上的需求。

当然,对一些长期压抑各种需求去照顾家庭中其他成员的女性来说,学会坦然地在自己身上花钱,也是意义重大的一步,确实是爱自己的开端。

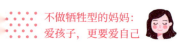

只不过，作为一个孩子的母亲，只有先探究"爱自己"背后的深层意义，才能终生受用。

与"我"和解

至今我还总能听到我爸爸提起，幼年的我有多么黏人，自称为爸爸的跟屁虫，爸爸走到哪儿跟到哪儿。夏日的晚上他去体育馆看篮球赛，即使我困得要命也要跟着去，哪怕躺在爸爸怀里睡觉都可以，什么也不能阻止我跟着他。

可我爸爸是个什么样的人呢？他是一名不苟言笑、脾气暴躁的军人。

时过境迁，爸爸讲述这些事情时，依旧会感叹我简直是上天派来治他的。从前我十分不解，当我做了妈妈，生了一个高需求的孩子时，才真正体会到了其中复杂的心情。

礼物是个高需求的孩子，这一点从他出生起我就意识到了，但很多人并不能想象养育高需求宝宝的生活，他们经常说：

"都是你惯的！不要抱他，让他哭几次就好了！"

"还不是你一个人带孩子，不让他出来见世面，他才那么黏你！"

"你就别管了，交给父母或者公婆，次数多了孩子就适应了！"

……

难道我没试过吗？

礼物不到两个月的时候，有一天早晨五点半他哭醒了，我只好抱着他起床，到了八点我已经困到不行，他还是不肯睡，一直哭唧唧的，我又惦记着洗衣机里的衣服还没洗，不然下午礼物会没有替换的小裤子和小毛巾。

情绪崩溃的我，忽然想起以往令我嗤之以鼻的那些话：

"都是你惯的！你让他哭几次就好了！"

好吧，行，既然想哭就哭个痛快，难道我还治不了一个婴儿吗？

其实，这明明就是瞎较劲——跟那些我不好意思反驳的人较劲，跟自己的无能和愤怒较劲，跟自己身体的疲倦较劲。

结果不用说，一定是以我的失败收场。

对孩子能有什么招儿，他只要倔强着一直哭，我总有受不了的时候。

再次抱起他，虽然他哭到抽搐，但还是一如既往地将小脑袋靠近了我，那一瞬间我心里又挫败又愧疚，后悔得不得了。

可是这种情况还是发生过数次，虽然次数不多，但也足以让我对自己的"失败"有了新定义。

很多人说做了妈妈就要与全世界为敌，但最终，我还是选择了与全世界和解。

这个全世界就是"我"。

所谓和解，一次根本不够，随着孩子长大，你会发现自己总是需要这样做，好在和解这件事情，做的次数越多，就越娴熟。

每次在朋友圈里看到小泳池里怡然自得的婴儿，我都很羡慕，因为礼物从出生开始就害怕独自待在泳池里，也许他在想："为什么我要套着一个不知为何物的奇怪东西，四肢漂浮在水中无依无靠，太恐怖啦！"

我带他去不同的婴儿游泳机构尝试过大概五次，想要引导他接受，但他每次都号啕大哭，哭声中还带着恐惧。

在旁边瞅着自己家孩子游得欢快的妈妈们都轻松自在地跟我说："没关系，哭几次就好了。"

游泳机构的早教老师说："你家宝宝这样是不行的呀，只有多游泳才能开发早期的运动智能，婴儿爱水是天性，你就是没有抓住最适合的机会，现在几个月大了，早就忘了在妈妈肚子里泡羊水的时光啦！"

我脑中嗡嗡作响，耳边只有礼物的哭声，不禁心乱如麻。

为什么非要游泳呢？我就不会游泳，不是也好好的吗？

想到这里，我一个箭步冲上去，把哭得浑身发红的礼物从水里捞起来抱在怀里，

精心搭配的衣服湿了,可我毫不在意,拨开衣服给他哺乳,礼物吃到母乳,情绪快速稳定了下来。

别人家的孩子再好又如何,这世界上我只爱一个孩子,就是礼物。

羡慕别人家的孩子做什么呢?

为此较劲,让礼物受苦,让自己难受,又能如何?

后来,礼物长大了,5个月会坐,7个月不到会爬,1周岁走起路来稳稳当当,2岁时打乒乓球有模有样。

事实证明,他的运动智能很正常,甚至高于普通水平,我这个老母亲同时也学会了一课:礼物成长的每个环节,都会引发我一系列与自己较劲的心情,如果我学不会与自己和解,就会反复莫名其妙地生气,这是何必呢?

那些百思不得其解与突如其来的较劲,追根究底,无非是"对自己不满意"的心理投射。

后来,我又遇上了礼物无法独自上早教课、不喜欢和其他孩子交往、物权意识很强拒绝分享等一系列让我感到心力交瘁的时刻。

好在我锻炼出了一套迅速"与自己和解"的能力,不和自己较劲,也就越来越少生自己的气。就这样慢慢放下了对自己的敌对情绪,眉头放松,认同内心的自我,逐渐感受到自己也有很多"可爱"之处。

而礼物敏锐地感受到了老母亲的放松与自信,也跟着放松下来,那令人闻之色变的成长敏感期反而比我预想中过渡得更自然。

不得不说,这样的学习过程,真像是一场修行呢。

爱是可以习得的本领

事实上,不仅仅只有母爱是由妈妈们逐渐培养出来的,这个世界上其他的爱也都是需要习得的。

也就是说，当你学会爱自己或者爱别人之前，"爱"是无法凭空萌生的。

一个孩子要先被爱过，他才知道那是一种什么样的体验。别人曾经这样对待过他，他才会照猫画虎地学着爱父母，长大了学着爱朋友，再大一些，当内心产生爱情时，与伴侣构建长久的亲密关系。

一个没有被爱过的孩子，是不可能凭空去爱的，哪怕他能感受到自己拥有这样的情感，但他无法将这种汹涌的情绪稳定地用行为表述出来，所以也不能称为"懂得爱别人"。

心理学里有一句话说：只有被恰当对待的人，才能够恰当地对待别人。

换句话说，不能要求一个"没有得到"的人去"给予"。

曾经有一位友人，原本在跟我倾诉恋爱中的苦恼，聊着聊着讲起自己小时候的故事。

她讲到，家里除了她还有一个弟弟，父母对弟弟特别好，在很多方面经常偏心儿子。即使这样，她还是很懂事，觉得自己是姐姐，不能嫉妒弟弟。

暑假里寻常的一天，父母出门上班，她和弟弟在家里吃西瓜，弟弟不小心把西瓜汁溅到了雪白的沙发罩上。这下完蛋了，她很紧张，因为她知道妈妈很爱干净，这回肯定要遭殃了，弟弟一人犯错，他俩都得挨骂。

当时只有七八岁的她努力想了一个解决的办法，她连扯带拽地把沙发罩拆下来，用洗衣粉草草洗过之后，又放在太阳底下晾了一个下午，趁父母下班回来之前，原封不动地套回沙发上。

然而她妈妈很是细心，一进门就发现沙发罩潮乎乎、皱皱巴巴的。

可是那几天，她的妈妈什么话都没有说，既没有骂也没有打他们，甚至没有多问问沙发罩的事情。

这就仿佛一把达摩克利斯之剑，时刻悬在她脑袋顶上。不知道什么时候落下来的那种惶恐不安是最让人难受的。

从那时开始，她学会了与人冷战。

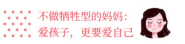

我问她:其实你是冷战的受害者,怎么长大后反而变成了冷战的加害者呢?

友人很困惑,她说自己也不知道为什么会变成这样,她明明知道冷战的滋味不好受,她的男朋友也经常抱怨这种方式很伤人,可她怎么都改不掉。

那时候我们都太年轻,还没有足够的经验来判断这样的情况是如何产生的,但现在回过头看,自然也就明白了,这就是情感流动的方式被一代一代继承下来的模样啊。

人在情感中一旦受挫,有些人冷战、有些人摔东西、有些人口不择言地攻击对方的弱点、有些人甚至会家暴……

这样做的人,难道不知道这些行为是错误的吗?

他们当然知道。

但他们只知道不应该这样做,却不知道如何做才是正确的。回顾曾经,是因为他们在成长的过程中,没有人用正确的方式对待过他们。

长期被冷战的孩子,长大后更容易用"冷战"的方式处理情侣间的吵架,被暴力对待过的孩子,情绪崩溃时大概率也会用同样的方式发泄。

要想打破这种"遗传",就要从爱自己做起。

小时候经历的事情已无法改变,可作为成年人,万事都推到原生家庭上去,是不是也太没有自我能动性了?

爱,是一种需要习得的本领,一种双向互动的能力。

我用了很久的时间先找到自己,再接纳自己,然后开始学会表达自己、学会有效沟通,最终做到爱自己。

作家白槿湖在《如果巴黎不快乐》里写过一句话:"最可怕的不是他们都不爱你,而是你自己不爱你。"

是啊,如果你把浪漫、温柔、耐心都给了别人,又拿什么给你自己。

前阵子电影院上映《梅艳芳》,作为看着这一代轰轰烈烈的港星唱着"路上纷扰波折再一弯,一天想到归去但已晚"的"80后",此时已经成年的我才看明白了那些歌曲里的意思,一时间很有感触,原来万人敬仰的大明星也有那么多无法排解的情绪。

第九章 爱自己是一切的前提

梅艳芳曾经在访谈里屡次提及自己羡慕平凡女人结婚生子的生活，她不贪富贵，只求真爱。她也曾提道："我已经有那么多年为人家而活，现在的我应该找回自己。"

好在梅姑从不后悔，爱上舞台，爱上表演，也爱着这样的自己。

并非一定要结婚生子才是最佳归宿，如果一个人能够求仁得仁，即最开心。

求仁得仁的前提是知道自己想要什么，将时间、精力用在自己身上，用能量和爱来滋养自己，不然如何在纷扰的世界中坚定地走下去、如何保护我们的孩子、如何让我们精心养育的孩子也学会爱自己？

一个不爱自己的人又如何能够善待自己？难道要看着孩子们长大之后也和自己一样为难自己，钻进死胡同中做一只困兽？

爱和快乐首先要源于自我，学会给予自己才是最重要的。当你足够爱自己的时候，你的幸福感才会不断地提升。

这个时候，你再把爱分给其他人，可无论分了多少出去，你自己永远排在最前面。

只有爱自己，才能在内心拥有一架源源不断地发电的发电机。若我们无缘在儿时便获得这架"发电机"，也不必慌张自责，因为我们都长大了，大到足以用自己的力量重建它。

架好了爱的发电机，习得了爱的能力，才能让这样的"好基因"一代一代传下去，让孩子不必再经历一遍自己经历过的苦恼与挫折。

爱自己是一个终身课题。爱是所有感情里最深刻、最复杂、最具有影响力的，请永远记得，你值得拥有它！

以身作则地爱自己，是妈妈送给孩子最有价值的财富。

勇敢说不,学会拒绝

第十章
勇敢说不,学会拒绝

对很多讨好型人格、自我满意度低的人来说,最艰难的一件事就是拒绝。

这就意味着,无论处于何种关系中的他们,永远是付出的人,永远是被动的人,永远不是被满足的人。

不仅如此,讨好型人格的人会纵容对方不断索取,继而将对方的错误合理化,甚至归咎于自己。

很多人会发现,大多数内在不平等的关系很难长久,它的结果一定是崩坏,然后走向分离。

亲子关系中,也有很多妈妈总是在做老好人,不忍心拒绝孩子,害怕伤了孩子的心,所以只能逼着自己尽力去满足孩子。

不能不说的是,曾经的我也经常在各类关系中感到委屈,那种委屈是细微的、来自内心深处的黑洞。如同日积月累形成的河床,即使雨水季节不会暴露出来,终究也会在情绪干涸时重见天日,太阳一晒便满目疮痍。

为什么会有这么多委屈呢?

因为即便有一千个一万个不愿意,我始终说不出口那个"不"字,于是便做了很多违背心意的事。

这些事99%都是些不说憋屈说了矫情的小事,可给人造成的压抑感却让人如鲠在喉。

心理咨询师崔庆龙说过:

"一个人对外界妥协得越多,未来做自己的成本就越高。因为那个妥协的自己更

容易诱发他人的自恋与退行，让对方下意识地想去索取、掌控、侵入、租借、占据等。

"做自己，就是要对所有以这种自我形态建立起来的关系模式进行颠覆，在那个过去总是适应别人的位置，交出自己的一部分真实性让他人去适应。

"这是值得的，因为那是一个人心灵上的自由领地，围绕着它所形成的心理边缘即是界限。它不需要对别人的领地进行殖民，但可以拦截他人的自恋扩张。"

想成为一个拥有完整的独立人格的个体，拒绝他人、划定界限是我们必须要做的事。

边界感来自拒绝

有些人会自我怀疑，我是不是一个很难相处的人？面对自来熟的人、过分热情的人总是会有不适感，内心也是排斥的。

其实，这只是你"边界感"较强的体现。

边界感指的是能认识到自己与他人之间的清晰边界。不会因为太热情而造成他人不适，不会强迫别人一定要做什么，更不会用道德绑架别人。

边界感是为彼此画出一条线，不单单是为了让彼此之间保持一个适当的距离，使我们更加自由、更加自主，而且也减少了互相撕扯、互相内耗的问题。

划定一定的边界有利于我们弄清楚某些观点，它未必是事实，但这并不会跟我发自内心地欣赏对方产生矛盾，因为我欣赏的正是他作为一个独立的人这一点。

在边界感舒适的相处中，人是舒服的，关系是松弛的，交流是平等的。

不管是职场还是家庭生活中，很多冲突、矛盾、不爽和委屈，其实都是因为边界问题而引发的。

这种情况的产生，有复杂的社会原因、历史原因、文化原因等。毕竟从前的居住条件就是一大家子十来口人挤在一起，连足够的空间都没有，更别提边界感了。很多年轻人的行事习惯也从老一辈人身上沿袭下来。

第十章
勇敢说不，学会拒绝

边界感模糊的人容易做出什么事呢？

他们过度干涉别人的生活、过度关心别人的隐私、干预和评价别人的决定、想要他人为自己的情绪负责或自己为别人的情绪负责等。很多时候，那种不适感像一股寒风，虽然不致命，但持久绵长。

五六十年代的人大多缺少边界感，他们的自我意识被破坏了，那时候一切都是集体的、一切都是公共的，不要说什么尊重个体，公社公灶喂养了大家，集体劳动制度下不分你我。

但是到了八九十年代，随着社会进步，公共和私人有了边界，家庭和集体有了边界，私人财产开始受保护，人们的自由平等意识加强。

边界感被破坏和长久的缺失会让人产生一种误解：拒绝别人是自私的、不道德的、不懂事的，这也是五六十年代的父母教育八九十年代人的一贯宗旨。

既不能拒绝别人的入侵，也不能提出自己的需求，于是自己内心的领地就这样被人侵犯。时间长了，自然会自暴自弃、自我否定，此时若是有人拿一点正面的情绪来引诱，拒绝的话就更难说出口了，之后更加懊悔自责。

最后陷入讨好、低自尊的死循环，一个"不"字能解决的问题，生生演变成了一个巨大的人格摧毁现场。

从前我在央企就职时，办公室里就有这样一位男性——他一开始请求别人顺手给倒杯热水，或者借刷别人的饭卡，一次两次后发现自己不会被别人拒绝，后来便发展为将自己的工作内容推给别人，甚至犯了错也顺手"甩锅"。

整个办公室因为他一个人四处搅浑水，导致大家的工作热情都受到了影响，后来我的直属领导只能给他一个人安排单独的工作，尽量不与其他人配合，以免再发生推诿，导致项目进度受影响。

而我们整个办公室的人，也学会了在他开口之前就将他的嘴巴堵上，当他问我们："我看你现在闲着，这个表格你顺手整理一下吧。"

有的人会正面回应："我还有一堆活儿要干，我可不闲！"

有的人会立刻跑路:"哎,肚子难受,我去一下卫生间。"

有的人掌握了绝佳窍门:"为什么我要替你做你的工作呢?"

一来二去,这个人四处讨不到一点好处,最后只能自己做。不过总有些新员工或别的部门的同事不知底细,上了当才反应过来。

这样的人会改正自己吗?根本不会。

前阵子我与前同事聚餐时,大家提到他时讲到他的近况,与10年前我在办公室里看到的一模一样,他根本没有变化,甚至比从前更加厚脸皮了。

我要毫不客气地说,生而为人,一定要明白,这个世界上有一些人并不是那么善良的。他们擅长在任何环境里迅速找到最容易妥协的人群,反复试探、入侵这类人的边界,得到默许之后,便开始肆无忌惮地利用他人的弱点逼对方就范。

你的不拒绝,只会被他人利用,且毫无感恩之心。

甚至有人将这一套入侵他人、控制他人的手段发展为完整的实操体系,也就是所谓的PUA。

心理学博士李松蔚说:"小孩被批评了,反应通常是生气,这就是原始反应。而现代教育教人绕开原始防御机制,要接受让你痛苦的事,要忍住不生气,要觉得别人对你是对事不对人。这就是为什么很多高学历的人反而容易在职场被领导PUA,很多自身条件很好的女生也很容易被不怀好意的男性PUA。"

可能有人会很困惑,我如何才能知道自己的边界在哪儿呢?

首先,要相信自己的直觉。当你感到不适,一定是作为生物趋利避害的本能在向你发出警报,不论不适程度如何,都应该在此时及时叫停对方的行为,哪怕是避开,都比硬生生劝自己忍着要好很多。

其次,确定自己的边界是一个长时间的过程。先找出自己最不能忍受、感受最糟糕的部分,先拒绝它们,再细化其余的部分。最重要的是区分开哪些是自己的事情,哪些是他人的事情。

例如与别人交谈时担心自己的语气不合适会惹别人不开心,太在意别人对自己的评价，发个朋友圈也担心别人怎么看自己。这些事里面自己能控制的是个人因素，不能控制的就是外界因素。

有一句话看似是歪理，却也有些道理：我这个人很好相处，如果跟我相处不好，就找找你自己的原因。

最后，我们要明白的是：边界也是会变化的。

今年让你感到被冒犯的言语，也许随着心智成熟，明年再听到时只会淡淡一笑，根本不放在心上。而去年没有意识到的冒犯，今年却敏锐地感知到这种言语的不恰当。

总而言之，边界感的存在是为了拒绝那些伪装成爱的伤害，保护好自己的内心和情感。只有被保护着的自我，才能更好地给予别人纯粹的爱。

被看见与学会说"不"

当一个有边界感的妈妈遇到一个处于秩序敏感期的宝宝，到底是火星撞地球，还是河流奔向大海？

所有妈妈应该都体验过"Trouble Two"（麻烦的2岁）的可怕。

2岁是孩子自我意识开始形成的时候，他们懂得了什么是"自己"，开始试图探索自己和世界的关系，也开始渴望对事物有自主决策的能力，这个时候的宝宝会从"小天使"变身为"小恶魔"，因为他到了人生的第一个叛逆期啦！

礼物作为一个高需求宝宝，从1岁半左右就开始了自己的"T2"阶段，而我每天在"尽量让自己情绪稳定"和"此时骂他还是一会怒吼"中反复横跳，不仅会自我批评，还会产生自我怀疑。

宝宝痛哭流涕的情况几乎每天都要发生，很难说什么时候会突然爆发，而爆发的原因也是防不胜防。

可能是礼物让我必须给他先穿鞋再穿裤子，也可能是我在电梯里没有让他按1楼的按钮，又或者是上一秒想要球但下一秒又不要了……

如果只是在家里这样"作死作活",我还能忍,反正就我们俩在家,空间安全、人员安全、环境安全,但这种情况在外面也经常会发生。

最让我的耐心耗尽的两种环境,一种是在车里,一种是在餐厅里。

在这两个环境中,我既不能置之不理,也不能立刻满足他的需求,但他的号哭又会对周围环境产生影响,实在是很难处理。此时让一个2岁的孩子听话是很难的,毕竟他既不能听懂你的意思,也不能完整表达自己的需求。哪怕我们已经提出了解决方案,他也完全不接受,自顾自地沉浸在自己崩溃的情绪里无法自拔。

这种情况发生了几次后,我饿狼般地补了很多育儿知识,然后一一进行了实践,发现其中最好用的一个安抚话术是"看见孩子的情绪和需求"。

简单来说,先重复孩子提出的需求,再帮助他说出他的情绪。

"我按!妈妈不按,让我按!"

"电梯按钮让礼物按,礼物想自己按电梯按钮,是不是?妈妈按了,礼物生气了对吗?啊,礼物现在生气了,他哭了。"

当我这样说出他的需求和描述出他的情绪时,能够明显感觉到他原本紧绷着的情绪松弛了一些。虽然孩子还是在哭,但不会像刚开始那样失控。

如果他还是反复讲刚才的话,有一种好像没听进去的感觉,那么我会继续这样跟他表述。

十分钟后,礼物就会平静下来,这个时候我会跟他道歉:"对不起,刚才妈妈一着急,没有让你按电梯,现在你自己来重新按一次,可以吗?"

基本上在这个节点,他会接受我提出的解决方案,安抚也就成功了。老母亲真是长舒了一口气。

就在我学习如何看见孩子的需求和情绪时,同时发现了一个重要又有趣的事情:这不正是我所需要的东西吗!

成年人的世界通常习惯先解决问题,再安抚情绪,或者干脆忽略情绪,可是这种模式真的对吗?在亲密关系或亲子关系中却正相反,得先看见情绪,再解决问题。

第十章
勇敢说不，学会拒绝

尤其是长期被孩子的情绪"压榨"的妈妈们，正是最需要被伴侣、被家人、被朋友、被社会"看见"的人。

尤其是那些一直没有机会练习向他人表达自己需求的女性，孩子是她们最好的练习对象，因为孩子既不会嘲笑她们，也不会过度引申。

我们都忽略了，"被看见"的那一刻，就是自己被爱着的最好证据。

礼物1岁多学会了说话，而我学会了跟他说"我爱你"，他会口齿不清地回答"我也爱你"；我不仅学会了夸奖他，还鼓励他也夸奖我的优点。我们都学会了好好说话。

看见与被看见，是一个人与另一个人理解与被理解的过程。只有建立在理解之上，才会产生真正的、发自肺腑的爱。

只有拥有被看见的底气，才能不假思索地说"不"，才能在被试探的时候就强硬拒绝，避免之后被欺负、被霸凌（这恐怕是每个妈妈最担心会遇到的噩梦）。

只有知道自己会被看见，才会将那些不想轻易流露的内心，装作不经意地露出一个小角。

当沉重的秘密被看见，内心的地下室被打开一扇小小的天窗，空气会带来流动，阳光会穿透黑暗，我们才能向人生中遇到的所有不善良和恶意，勇敢地说"不"。

家长与孩子之间也要有边界感，对内，自己要有自己的原则，对外，要告诉别人，自己有哪些雷区是不能碰的。

我从小就不喜欢别人动我的东西，谁动我就跟谁翻脸，这一点我从一开始就告诉了礼物，所以他从1岁多就知道妈妈的东西不能动。当礼物4岁时，也拥有了自己的秘密基地，书架上专门放了一个小柜子，里面是他很宝贝的东西，我还送给他一个密码锁，告诉他如果有不想与别人分享的宝藏，可以锁起来收好。

我不动他的东西，他也不损坏我的东西，彼此都有自己的领地。这种互相告知边界的行为，可以避免别人在不知情的情况下，对你造成不必要的冒犯。

边界一旦明确，一方面能帮助孩子对内看见自我和情绪，另一方面也令他们通过

不做牺牲型的妈妈：
爱孩子，更要爱自己

学习不踩别人的雷区，去看见别人的自我和情绪。

以上这一整套处处说"不"的行为，从根本上是在学人与人之间的互相尊重。

通俗一点说，你能拒绝我，我也能拒绝你，这是我们拥有的权利，如果连说不的权利都没有，我们岂不是成了阶下囚？

养育孩子的过程中也要双方平等，包括家长没有必要为了孩子的需求，一味地牺牲和压抑自己的需求，否则时间一长，家长的心态很容易崩。

今天因为不忍心而没有拒绝别人，明天碍于面子没有明确说"不"，后天被环境舆论影响委曲求全，这样的委屈一直压在心里，难免要找机会爆发出来。与孩子关系最密切的妈妈，很容易在孩子面前情绪崩溃。一个情绪不稳定的妈妈，不仅折磨自己，也会不利于孩子的情绪稳定。

如果一个人不能自我觉察、爱自己、用边界来保护自己，就很容易有不好的结局。张爱玲小说里的曹七巧，陷入了金子做的牢笼里，不甘、委屈、痛苦都不能被看见，于是日日夜夜化成了心魔，也把自己的儿女一并拉入里面，干脆永远困在一起，谁也别跑。

更别提在这个过程中，这些行为模式还会影响孩子，再反馈到孩子的整个人生当中，每一个与其相处过的人，都会被或多或少地影响到。

现在回忆起我在校园里、职场上遇到的一些相处愉快又不卑不亢的同龄人，他们懂得在恰当的时机拒绝别人，同时也避免了自己被卷进没必要的麻烦里。

当我们从"养育"这个词的既定概念中跳出来，会发现育儿也是在育自己，养儿也是在养自己。富养的根本其实在妈妈，而不仅仅是孩子。不管是大人还是孩子的需求，都值得被尊重。

家庭养育就是建立长期平等尊重的沟通模式，尊重孩子的发展规律，把孩子当成是一个独立的、有自由意志的个体去对待。

学会说"不"，既是妈妈自己的进步，也是孩子的进步，我们要学会尊重孩子的想法，有分歧的时候，应该有商量的余地。而商量的本质，是能够在交谈中探索出一个你我都能接受的办法来,而不是用所谓商量的口吻让孩子非听大人的不可。

我永远都记得礼物在1岁多时连着说"不"的样子,可爱、执着、坚定,是他作为一个独立的人该有的样子。正是他的这一连串"不",教会了我看见自己的情绪与需求,补上了"学会拒绝"这一课。

从此我真正明白了建立在尊重与平等上的爱,是自由的、独立的、历久弥新的,拥有源源不断的动力。

孩子对我的爱,让我也有了"被富养"的机会,这大概就是做妈妈的幸运吧。

坦诚沟通，远离加戏

第十一章
坦诚沟通，远离加戏

不知道多少人注意过，大人的情绪失控有一个很隐秘的原因——自己给自己加戏。从孩子的无心之过或者很小的举动中引出过多假想，给自己内心加了很多戏，然后情绪渐渐复杂起来。可是孩子不可能看透大人的心理，随后的反应多半会进一步刺痛大人。于是大人的情绪彻底失控了。

像礼物这么大的孩子，一般都会刨根问底，逮住什么问什么，很多时候我都觉得这家伙可能只是因为闲得慌。

日常中我们对话的范围非常广泛，礼物也会问到很多让人无法回答的问题，而且他的记性还特别好，之前我说过的话，他会拿出来佐证，所以我常常会被问住。

我总是会被他问到有点儿抓狂，不耐烦中总觉得若自己回答不上来就会丢脸，只有回答出来才能显示出大人的厉害，所以很多时候我会偷偷在网上搜索答案，然后硬着头皮解答。

有一次，我一边开车一边回答礼物的问题，突然有一秒我感觉没办法再努力回答下去了，于是我坦然地说道："不知道。"

礼物的反应比我想象中要平静，他听完之后便接受了，并没有继续追问，也没有其他情绪。

这时我才意识到，那些"必须知道"的压力，其实是我自己给自己加的戏，人家小孩可并没有这么要求大人。

当我抛开了"家长一定要什么都知道"这个束缚，整个人都舒服了许多，我在礼物面前做自己就好，不知道就是不知道，不用想太多。

事实上,他也不会对我产生什么不满。

通常这类问答场面还是挺温和的,偶尔也会有不温和的场面,比如他跟我闹起来时,甚至会动手。

面对礼物情绪失控这件事,我一直都本着"温柔且坚定"这个原则,偶尔发火,最多也告诫几句,告诉他你这么做我真的很生气。礼物是个胆小听话的孩子,负面情绪被接纳之后能很快认识到自己的错误,然后跟我道歉,这样的冲突很快就过去了。

一直到他5岁开始有了明显的慕强和跟人比较的心理之后,我的情绪就没有之前那么平和了,常常因为他的言语而受刺激,表面上佯装镇定,内心却暗流涌动。

有一次他做了错事我批评他时,他忽然对我说:"你不爱我!"

那一刻我的心被戳了个大窟窿。

我不爱你?我生了你,养了你,在你很小的时候,是我独自日日夜夜守着你,给你吃给你喝,你现在跟我说我不爱你?这是多么伤人的话啊!

几年的委屈一瞬间涌上心头,浑身上下都有一种缺氧的窒息感,如果是在武侠小说里,我大概马上要气绝身亡了。

我立刻深呼吸了几下,转过头不看他,虽然跟自己说冷静冷静,可脑子里的小人儿已经在怒不可遏地用手拍礼物的屁股蛋了!

但我毕竟是大人,十几秒钟后还是恢复了神智,我问他:"你真的觉得我不爱你吗?"

礼物哇的一声哭了出来,抽抽搭搭地回答:"不是。"

看着他的样子,我大概明白了他的想法,又继续问他:"那你为什么说我不爱你?"

他扑进我怀里:"你刚才太凶了,所以我才那么说。"

原来是这样,他将自己的感受说了出来,而不是下了一个可怕的结论。

那天我用了一些时间跟他解释,妈妈的态度并不会影响我对他的感情,爱是不会变的,永远都不会。并且告诉他,刚才他说的话让我很不好受,他应该跟我道歉,并且以后不可以这样说了。

此时反观自己在成长过程中说过的话，真不知道青春期时说的那些叛逆的话父母是怎么消化的！既然一定会面临这一天，不如早早让自己锻炼出坚强的心智。

同时，在这个过程中我也一直在进行自我反思，我问自己：为什么有时候孩子轻飘飘的一句话，会让我那么难受？是这些话让我愤怒，还是我被话语之外延伸的情绪所触及？这些时候我的眼里带着怎样的情绪，是恐惧，还是无助？

加戏的背后

在询问自己的同时，我也在观察其他父母与孩子的交流和冲突。

有一次在餐厅里吃饭，因为人很少、音乐声音很轻，邻桌正常音量的交谈几乎都可以被听到。我在等菜的间隙，听到从隔壁桌传来的谈话声，信息量挺大的：

"你快吃一口这个菜，这个是茭白，可不便宜呢，你奶奶肯定舍不得给你买这么贵的菜吃，多吃点。刚才钢琴老师说你了，你听见了吧，你这个年龄就是要营养均衡，大鱼大肉特别不健康，你一个女孩子，既然学了钢琴，得保持气质优雅，长得太胖可就不优雅了！你见过几个钢琴家是大胖子？哎，刚才你爸说你爷爷今天好像不太舒服，这样吧，我们现在跟他视频一下，你多说几句话，让爷爷奶奶高兴高兴……喂？爸，今天我带孩子上课，正在餐厅吃饭，嗯，对，您今天不舒服吗？噢，这样啊。快别吃了，跟爷爷奶奶说句话……你怎么还没吃完啊，刚才就夹了两片，现在还是这么两片。"

这番话当中，这个小女孩除了发出轻轻的嗯嗯声，没有做出任何其他回应。

我当时不禁在想：如果我是这个女孩，应该也会跟她一样的反应。

这位女士的表现让我惊讶，一会儿要吃，一会儿不要吃，一会儿又埋怨孩子吃少了。前脚挤对了孩子奶奶，后脚又通过视频让孩子给爷爷奶奶做样子。

虽然我不知前因后果，但这一番话，实在很难让孩子与对方交流。这位妈妈既不在乎孩子的看法，也不在乎孩子的感受，说了那么多，几乎全都是自己在自导自演。

我突然意识到，这也许就是我们这些成年人常有的行为，无端给事物赋予别的意义，还在话语中加入许多内心戏，明明是一句很简单的话，却一变二二变四，最后成了一件很复杂的事情。到最后，连自己也处理不了，于是更加忙乱无助，最后往往恼羞成怒起来。

踢猫效应，即一种典型的坏情绪的传染。人的不满情绪和糟糕的心情，一般会沿着等级和强弱组成的社会关系链条依次传递，由金字塔尖一直扩散到最底层，而无处发泄的最弱小的那一个，则成为最终的受害者。这种现象在家庭关系里表现得淋漓尽致，家长在外面受了冤枉气，不敢在公司里发火，也不敢当场怼回去，回家看到弱小的孩子做了些不顺眼的事情，于是一肚子火忍不住倾泻而出。

在欺软怕硬这一点上，不分男女老少。小孩子不敢反抗父母的时候，就去拔草、踢猫、捣蚂蚁洞，因为它们是更弱小的存在。

过了几天，我在商场里遇到这样一对父子。

小男孩在玩具店门口痴痴地看着，眼神里写满了"想要"，跟爸爸说了好几次想去玩具店，但这位爸爸在旁边的休息椅上捧着手机打游戏，抬头看到孩子在旁边，又放心地低下头继续，嘴上答应着，其实根本没注意孩子在说什么。

小男孩大概四五岁，正是调皮的时候，他在店门口的橱窗前看了许久，实在忍不住，一个人走进玩具店里面，到货架边尽力踮起脚尖伸出胳膊，想要拿那只发着光的奥特曼模型。

结果当然不尽如人意，他不仅没拿到玩具，还碰掉了旁边的另一个模型。

当时我坐在对面的绘画教室外等礼物上课，看到玩具落地，我的心已经揪了起来：完了，孩子多半要挨骂了。可他确实不是故意的。

玩具店的导购员走了过去，大概是在询问情况，看到孩子身边没跟着大人，便让男孩带她找家长，男孩一开始十分不情愿，眼泪汪汪，双手背在身后，不知道导购员又说了些什么，男孩慢慢走到店门口，用手指了指他爸爸。

而此时他爸爸还沉浸在手机游戏里，毫不知情。导购员拍了拍他的肩膀，抬头的瞬间，这位爸爸可能意识到了什么，一瞬间怒火熊熊燃烧，大吼一声："你干什么了？！"

男孩还没开口说话，已经哇哇大哭。

这件事最终以父子俩买下碰掉的玩具模型收场，爸爸拎着男孩走出玩具店时还一直在说："让你不要乱跑你不听，你知不知道这个多贵！我刚发的工资就被你折腾没了，你这个月什么也不要买了！一会儿回家你自己跟你妈解释去，净花钱买没用的东西！"

孩子一直在抹眼泪，手里拿着因为自己闯祸得来的"新玩具"，一点儿也不开心。

爸爸边走边说，看孩子没反应，还动手推搡了几下，小男孩哭得更厉害了。

周围有很多人投去好奇的眼光，看到如此场面，爸爸怒喝一声："哭什么哭！哭能解决问题吗？就知道哭！"

看到这里，我简直找到了很多男孩子长大后情感淡漠的原因，不正是因为他们小时候被这样对待过吗！

这位爸爸把由于自己的疏忽而导致的错误（完全没有意识到这才是事件的起因），一股脑儿推到了孩子身上，既不问原因，也不问过程。一想到回家要被老婆骂（甚至此时心里还涌出对伴侣的不满），想到"无妄之灾"引发的金钱损失，一时间气恼无比，孤立孩子，把责任完全推到孩子身上，当孩子被吓到大哭不止，他却因为不想承受周围人异样的眼光，还要叫孩子压抑自己的情绪。

这一路的戏加得凶猛，本质上是自己的无助感在作祟。

如果说这件事是花钱买教训，恐怕这位爸爸也没搞清楚"教训"到底是什么，更不可能借此机会教会孩子如何处理突发情况和负面情绪。

作为父母，首先要反思自己，其次要明白孩子有物质需求或者情感需求是没有错的，父母能力有限或感觉孩子的要求不合理，可以与孩子进行沟通，但是不要随意批评孩子的需求。

大人如果经常否定孩子的各种需求，孩子想表达自己的时候自然而然会感到羞耻

和害怕,长此以往,不就是个恶性循环吗?又成了前几章里我们讨论的"找不到真实自我、不爱自己、不会拒绝别人、无法好好表达自我"的那种人。

如果孩子觉得自己的需求都是错误的,会给别人带来麻烦,让大家都不高兴,他们只能越来越压抑自我,最后变成一个漠然、容易自责、别别扭扭的大人。

作为大人,我们有必要反问自己:"你希望自己的孩子成为这样的大人吗?"

谁不想要一个坦然、大方、自信、乐观的孩子呢?我们也知道,只有自己成为这样的人,才能养育出这样的孩子。而我们不能决定自己的出身和家庭,小时候的遗憾虽然无法弥补,可我们还是可以尽力重塑一个新的自我。

父母都是普通人,他们也有自己的缺点、自己的困扰。当我们意识到这一点,与其埋怨,不如去反思,我们可以因此而看清自己、改变自己。

毕竟终其一生,只有自己能够为自己的人生负责。

如果说幼年创伤造就了今日这个害怕负面情绪,以至于不断自我加戏的人,那么从成为父母的那一刻起,我们就有了整理过去、疗愈自我的机会,何不好好抓住这个机会呢?

经过自我认识、自我察觉、自我思考和自我接纳之后,我发现了自己的缺点和短板,知道我就算拼尽全力,也不可能考上哈佛,成为顶尖人才。但我就是我,我学会了接纳自我,因为我知道自己也有优点。

当孩子无意间刺痛了我,将我的无助暴露出来,却恰好成为我向他展示自己的机会,我不想隐藏,因为他有权利了解这样全面的我。我们是彼此在这个世界上关系最亲密的人之一。

心理学家阿尔弗雷德·阿德勒说过:"一段经历、一段创伤,不会是一个人成功或者失败的原因。人们赋予这段经历或创伤的意义,才会决定我们最终的人生走向。"

这也就是为什么,在同样的环境里,有些人能够奋起直追,有些人却庸庸碌碌、毫无建树。

情绪稳定的重要性

上大学时，我曾经交往过一个男朋友，从他身上我学到了很多很多，其中最重要的一点就是：情绪稳定是一个人最可贵的品质之一。

当时我经常到他家里去玩，观察到一个小小的细节。有一天赶上做晚饭的时间，男友的妈妈正在为蒸馒头准备和面，我们围在旁边聊天，男友手里端着一杯咖啡，他突然说道："如果把咖啡和进面里是什么味道呢？"

令我震惊的是，他妈妈很自然地答道："那你倒进来吧。"

于是那晚我们吃到了微微有些咖啡味的馒头。味道并没有很奇特，馒头也没有因此被毁掉，大家都很自然地讨论着：也许做成巧克力味的小馒头也不错。

后来我回到家之后，反复在想到底是什么让我那么震惊？是他妈妈自然的回应，还是他那么自然的提议？

换作是我家，如果我这样说，肯定会被拒绝；如果是别人家，这样的熊孩子可能还要挨骂。后来我还了解到，与我这样从小被揍大的孩子不同，他的父母没有打过他，一次也没有。

当时我年纪小，只能想到为什么他妈妈那么温和呢？是因为太宠他了吧？

现在我已经为人母，再回忆起那些与他父母相处的时光，才明白，是因为他妈妈对生活的掌控能力很高，她的情绪是稳定的，不会因为一句话、一个小小的提议就跳脚。当然，男友的爸爸也是一位情绪稳定的人，在日常的相处中，对我也非常和气与包容。

情绪稳定的父母会养育出情绪稳定的孩子，当孩子慢慢长大，他也会去治愈另一个与他产生交集的人。

现在回忆起来，情感上的不合已经淡忘，我记得的都是他良好的行为给我带来的影响。哪怕是吵架、分手，他也没有说过任何过分的话。当我30多岁有了更多的经

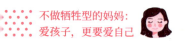

历之后,才知道能够在遭遇突发事件、受挫受伤、产生负面情绪时,做到不去攻击别人、不肆意发泄情绪是很难的。

后来的人生中,我见过发生争执之后情绪激烈到自残的人,见过思想偏激到要死要活的人,也见过一哭二闹三上吊要挟他人的人。我不禁想,恐怕保持情绪稳定是一种少数人才有幸具备的品质。这是很多经历丰富的成年人也做不到的事。

多少家庭的争吵不休是因为大人平日难以控制自己的情绪,小事情最终演变成大事情。

孩子在这样的可怕环境里生存,很难不被影响,要么养成攻击别人的行为模式,要么选择内化,在遇到矛盾时不攻击别人,反而开始在内心自我折磨,这是更加难以化解的。

那些容易自我折磨,攻击自己的人,最终在发生大事时彻底崩溃,这样的悲剧难道还少吗?

根据一个心理咨询机构的调查,对内攻击的行为大多发生在女性身上,因为女性普遍更缺乏自信,在成长过程中缺乏被支持感。

不管是合作伙伴还是终身伴侣,我认为最值得交往的人拥有的最重要的品质之一就是:情绪稳定。

情绪稳定意味着一个人的内心对外界环境和别人的行为言论,既不过多发散,也不过多敏感。情绪稳定是一种表层的现象,往里面挖,第一层是不加戏,第二层是有边界感,第三层是爱自己,核心是接纳真实的自己。

光是情绪稳定这一点,便足以证明这个人内心的强大。与这样的人相处,能将内耗降到最低,自然也就多出很多精力和心力去做好许多真正值得关注的事情。

如果我们不幸陷入了情绪的巨大波动中,只需要记住一件事:此时不宜做任何决定。

据科学研究,人在愤怒时,智商会瞬间降低到普通水平以下,此时根本不具备思考和决断的能力。此时做出的决定多半也都是对己不利的。

所以，当你产生任何情绪，包括恐惧、愤怒、焦虑、失落等，不妨抽离出来想一想：是谁、是什么诱发自己陷入这个被动的局面中的？如果现在立刻采取行动，会有什么不好的后果吗？

一个不断试图挑起你的负面情绪的人，一件不断诱导你在情绪的驱使下做决定的事情，大概率都是不好的。

一切要让我们放弃理性思考、跟随情绪的行为，都必须打一个问号，因为无法做到理性，也就意味着把自己主宰自己行动的权利拱手让给了别人。

我必须要现在做出回应吗？是什么样重要迫切的事情，让我连耽误几分钟去等一等、想一想都不行？

对方要干什么？他是谁？是骗子、坏人，还是操纵者？

当自己陷入情绪波动的时候，不妨先冷静下来，充分思考之后再做决定。

正所谓：缓事宜急干，敏则有功；急事宜缓办，忙则多错。

要学会分辨这些情绪，努力去控制自己的情绪，日久天长，自然会成为一个情绪稳定的成年人。

礼物在 5 岁的夏天，迷上了我手指尖上色彩缤纷的指甲油，他要求也享受涂指甲油的权利。

我想，这没什么大不了，每个人都有追求美的权利。

我把网购来的可撕拉指甲油摆放在桌子上，礼物选择了自己喜欢的颜色，我为他涂在指甲上。礼物高兴极了，举着双手四处显摆。

当老师看到时，他说："老师，这是我的指甲油。"

当同学看到时，他说："厉害吧？这是我的指甲油。"

当他爸爸看到时，他说："爸爸，你看，我的指甲会变色。"他爸爸反问："这是女孩子的东西，你为什么要涂？"

礼物没有说话，他偷偷告诉我："我的手涂了指甲油，就像恐龙的爪子一样又漂

亮又厉害。"

我问他:"你喜欢指甲是彩色的吗?"

他说:"很喜欢。"

我告诉他:"那就好,每一个人都有自己喜欢和不喜欢的东西,女孩子也有喜欢短发和不涂指甲油、不化妆的,男孩子也有喜欢化妆和设计服装的。"

礼物笑起来:"我不喜欢化妆,也不喜欢设计服装,我只喜欢指甲油。"

我也笑:"嗯,我喜欢化妆,也喜欢漂亮的衣服,也喜欢指甲油。"

礼物说:"妈妈和我有些一样,有些不一样。"

我继续问他:"是的,其他人也是这样,有的一样,有的不一样。如果不一样,该怎么办呢?"

礼物回答:"那就不一样好了。"

我的孩子,真棒!

"那就不一样好了",这样坦然,这样自信,真希望你往后余生都能如此。

在养育初期曾经遭受了很多外界压力的我,在养育礼物的过程中,发掘了真实的自己、接纳了自己、爱上了自己并支持着自己。我发现,随着我变得强大和淡定,礼物作为一个高需求、敏感的宝宝,自然地度过了"可怕的2岁"阶段,适应了幼儿园生活,马上就要升小学了。

我学会了不加戏地陈述,学会了不加戏地回应,不再那么容易沉醉在自己的世界里,反而学会了去了解事物本身。

没想到的是,我的孩子也学会了。

在养育过程中沉浮痛苦过的妈妈,优先"富养"了自己,最终也"富养"了孩子。

是意外,也是必然。

完成大于完美

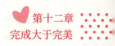

第十二章 完成大于完美

儿童的发展是一个动态的、不断变化的过程,许多家长最大的焦虑,就是担心眼下孩子呈现的问题会一直如此。其实这只是孩子的阶段行为表现,仅可能是那一段时间而已,未来其实充满了各种可能。

这是陈忻老师在《养育的选择》中的一段话,每每感到快要被育儿焦虑淹没时,我都会拿这本书出来看看。

害怕孩子不正常,害怕孩子一直学不会,害怕孩子一步错步步错,最害怕的是:自己作为父母,耽误了孩子的一生。

我相信,有很多家长也经常为此不安。

要知道,处处都做到100分对家长来说要求太高了,我可不想背负"完美妈妈"的枷锁。

我记得在礼物1~2岁时,经常会出现一个很让我沮丧的情况,那就是我费尽心思做了好几样辅食,结果居然只有一样入得了他的法眼。而当孩子没胃口时,他连一样都不想吃,干脆捧着白米饭吃几口就作罢。

后来我与很多宝妈交流过之后发现,居然有不少孩子都是"饭渣"——不仅许多东西都不爱吃,而且经常连奶都不想喝。

有的妈妈苦笑道:"我可能生了一个仙女,吊着一口仙气就能长大。"

在我尝试了"威逼利诱"礼物吃饭之后,几次失败的经历让我清晰地感受到:他真是个无法被左右的孩子,我还是不要较劲了,不然连自己的饭都快要吃不下了。

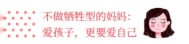
不做牺牲型的妈妈：
爱孩子，更要爱自己

2岁的孩子不会因为一两顿没吃就营养不良，而我却会因为没吃饱饭而低血糖，血糖一低，人的情绪就不稳定，情绪不稳定就不能好好与孩子互动。

陪孩子成长，不必流于表面，也不必走形式，把孩子当作一个平等的人去对待就行了，家长要学会与自己和解。

不吃就不吃好了，他不吃，我吃！

不需要当完美妈妈，相比逼着孩子吃饭，还是和孩子建立良好的亲子关系更重要。

我跟自己说："做个'差不多'的妈妈就够了，正如我也接纳礼物是一个'差不多'的小孩。"

不存在的完美

也许是这个世界变化得太快，现在一个人能够接触到的信息量是以前的很多倍，事物变化的速度也是以前的很多倍，身边的一切仿佛奥运会的口号一般"更快、更高、更强"，却忘记了口号最终的指向是"团结"，而不是"完美"。

放眼浩瀚宇宙，人类是很渺小的存在，因为渺小，所以很容易被裹挟。

不管是家庭这样小的单位，还是世界这样宏大的存在，人类身在其中，便随一切变化而变化，也许我们都想过：是否当我足够完美时，就可以停下来歇会儿，就可以获得永恒的安稳？

却不曾想过，这样"是"或者"不是"的选择压根就不存在。

假设本身就是不成立的，只因这世界上压根没有完美这回事，追求一个根本不存在的东西，不是自己为难自己吗？

为什么会产生这样的举动呢？大约是源于人类内心对不确定性的恐惧。

恐惧导致盲目，盲目之下于是有了执念。如果能够将这样的执念作用于自己身上，或许还能取得一些进步。但当一个人将这样的执念作用于另一个人身上时，往往导致了悲剧。

第十二章
完成大于完美

一个要求自己成为完美妈妈的女性,她隐性的要求其实是:我要拥有一个完美的孩子。

因为成为完美妈妈不光得成就自己,还得成就孩子,这样完美妈妈才能有完美的结果拿来展示。

在这种对完美的追求中,控制欲——一种深层次的心理动态出现了。如果让心理学家继续剖析,还会分析出控制背后一系列的成因,比如"巨婴""全能自恋人格"抑或"深度自卑"。

在此不展开去探究这些,但我想跟所有成为妈妈的女性发自肺腑地讲一句:"一定要放过自己。"

不仅仅是因为完美这件事根本不存在,还因为这根本就是一个陷阱!

当为了达到别人心中的标准去努力时,不仅会失去自我,还会失去妈妈自己最为珍视的孩子。

越是将自己的价值绑定在孩子身上,大人就会越失望,孩子越长大也越想挣脱,因为追求自由是每一个生物的本能。

在"要做一个完美妈妈"的执念下,我曾经苛求过自己。我的一位闺密就拥有一对几乎完美的父母。

她的父母均为高级知识分子,夫妻关系很好,亲子关系也融洽。物质上能够给予她很不错的条件,精神上也不束缚她的追求。我认识她10来年,一直对她十分羡慕。

饶是如此,她也曾坦言,自己对父母不甚满意,因为他们的很多局限影响了她的发展。

听到这里,我茅塞顿开:哪里有什么完美的父母啊!时代的变迁会在每个人身上留下印记,现在看起来无比正确的事,再过20年也许就变成了落伍又狭隘的认知,父母也永远做不到完美。

在成年之前,我一直埋怨妈妈不够爱我、不够关注我,甚至在许多时候会忽视我的感受。她就是这样一个神经大条的人,对细枝末节没那么敏锐,也没有私下观察的

习惯，所以很多事情我不讲，她是真的发现不了。

但当我成长到需要独自为人生做决定时，我才发现，正是因为我妈妈对我的长期"放养"锻炼了我的独立思考能力，许多事情我能自己做主，我也非常大胆，抓住一切机会去尝试新鲜的事物。

当我也成为妈妈后，我更加意识到，"完美"两个字就像是一把枷锁，不要从一开始就被套住，这是每个女性最应该认识到的事。

内耗

我在学着做妈妈的过程里，不光学到了如何做妈妈，还学到了很多做人做事的方法。

这个过程中，我发现自己在学习路上的绊脚石有两个：一个是孩子，一个是拖延。学习路上的催化剂也有两个：一个是孩子，一个是行动。

一开始我以为只有自己如此，后来我与身边的很多妈妈们聊天，发现大多数人都有不同程度的拖延症。有的人是因为追求完美的结果，害怕落空所以压根不敢去开始；有的人是被巨大的焦虑裹挟，还没开始做就迷茫了；有的人是还没从前一件事的失败中走出来，始终沉沦以致无法把握现在。

可谓是：既懒惰又认真。

因为懒惰，所以不去开始。因为太认真，对事情有过高的要求，怕自己做不好就会有负罪感，于是宁可不做，也不想敷衍出一个结果让自己无颜面对。

在这两种心态的作用下，很多事都耽误了最好的时机，于是陷入后悔和自责中，形成恶性循环。

曾经有一位好友，在微博上匿名写了几万字的日记，因为她常常被各种念头折磨到深夜。

她经常感到自己无法控制自己，一天下来什么也没干却非常疲惫，躺在床上睡不着，坐在桌前也无法集中精力做事。当需要做一件事时，脑中持不同观点的小人就开始互相撕扯，吵得不可开交，自己也踌躇不前。当需要休息时，也无法做到不纠结，还会陷入新的纠结里，越休息越空虚。

还没开始行动，一轮一轮巨大的内耗先把她自己折磨得疲惫不堪。

我相信很多妈妈也有这样的感受：因为生活、工作、育儿中琐碎的事情实在太多太杂，很少拥有属于自己的时间，睡前仅有的时间也只能用来刷刷手机。而手机，又是一个信息量巨大的载体……

还有一些人异常担心可能会发生的"坏事情"，他们因为这些无端冒出来的担忧而无法进入状态，为了没有根据的假设，放弃了行动。

1999年，曾经有研究人员做过一项实验，结果发现：在所有我们担心的事情里面，大约85%的事情从来没有发生过；如果我们担心的事情发生了，大约79%的结果比自己想象得要好很多；那些能够放下焦虑的人，比一直紧张、担心的人生理状态更佳，同时也有更好的状态和能力去处理真正面临的问题。

换言之，在100个所担心的问题里面，可能只有3个是需要你真正去应付和处理的。剩下的那97个问题，都不会对你造成真正的威胁，反而让你不断陷入焦虑当中无法自拔。

著名女作家周轶君说："焦虑的反义词是什么？是具体。焦虑是一个非常虚幻的情绪。比如担心前途，是考学还是工作？考学要考什么大学？什么专业？按照具体需要的去做准备就可以了，只有说到具体，才能打破焦虑。人需要突破迷雾，看清楚具体的路该怎么走。脚踩到具体的路径上一步一步往前走的时候，就没有这个焦虑。"

用具体去对抗焦虑，用立刻行动代替思前想后，用拆解落实远方的目标，用当下完成的一步当作对自己的激励。

我最焦虑的一阵子，莫过于2020年初新冠肺炎疫情刚开始时，没有人知道以后会如何，一切都是瞬息万变的，感染病毒的人数不断攀升，而我们都困在家里无能为力，如同世界末日，除了等待灾难降临似乎没有任何能做的。

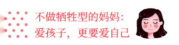

大概到了第二周时,我意识到自己应该是陷入了一种心理暗示的恶性循环里,我决定不再关注这类新闻,然后打开了许久之前就想看的纪录片,在地球与宇宙中感知宏大的存在,再打开最喜欢的美食制作视频,在一蔬一饭中过好隔离生活。

在屏蔽掉那些让我焦虑的信息之后,我发现,搁置了好久的写作才是我真正渴望做的事。从那一刻开始,我又拿起了笔,将自己之前没有写完的小说继续写了下去。

要知道这世界上90%的人之所以成功,是因为想到后付诸行动了,而不是想得足够多、足够好。

从具体的某一件小事开始,认认真真感受它;到大自然中摸一摸真实的树木,在呼吸之间排空杂念;要求自己放下手机和电脑,哪怕是冥想十分钟,拉伸自己的身体,让精神回归到这具躯壳本身;与孩子一起,专注地在音乐中翩然起舞,释放本真的快乐,而不是打开短视频找乐子。

有些人陷入内耗中,是因为想得太多,也有很多人是因为环境太过"内卷",自然地被这股洪流卷入其中,动弹不得。

当一个环境是以内耗为主要规则的时候,相信我,离开它。不管这个环境给你多少金钱、多少希望,抑或任何好处,都一定要离开。

就像被家暴者离开施暴者。

就像被传销组织迷惑的人逃离魔窟。

就像被诈骗电话操控的受害者立刻挂机。

这样的环境,对人生、健康、生命没有一丁点儿好处,如同吸血鬼一般可怕难缠。

各位请切记:完成比完美重要。

没有人的想法从一开始就是完美的,只有当你着手去干,认真施行的时候才变得逐渐清晰。

哪怕是完成了一半,也有一定的意义和作用。

付出实际行动会助你养成踏实肯干的优秀品质,也帮你提升对事物本身的认知能

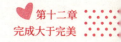

力,让你既避免了夸夸其谈,也免去了臆测。

只有实干家才知道真正做成一件事有多难、难在哪儿;做得越多,越有信心去做。在做的过程中不断调整,不断反馈,不断复盘,即便这件事做不成,也许下件事就做成了。

做成一件事的成就感是极大的,这种成就感正是那些空虚的人所寻觅的价值,比读万卷书更有发言权,世界不会亏待脚踏实地的人。

不管是事物的变化还是人的进步,都不是二维坐标上的直线或者抛物线,而是在三维立体空间里的曲折中前进与螺旋式上升的,一个角度上的毫无变化,从另一个角度来看可能是天壤之别。

如果我们能够换个角度看待问题,是否能够放下对追求完美的执着,多维度地理解自己、他人与世界,包容不同、拥抱变化,成为一个宠辱不惊、敢做实事的成年人?

这也是为什么我一直在强调爱自己的重要性,因为只有爱自己,坚定不移地支持自己,才能吸收世界的美好、对抗世间负面影响、逃离有害的存在,这种爱是生物的本能,不应该在繁杂与障碍中被迷惑、被丢弃。

女性并非为母则刚,女性是因爱而强大的。

"鸡娃"真的有用吗?

第十三章
"鸡娃"真的有用吗?

在生孩子之前,我有个巨大的认知误区。

我认为教育是第一因素,教育可以决定孩子的行为,孩子有问题就是教育不到位的表现。

呵,多幼稚的想法啊。当我自己生了孩子之后,现实教我反思。

礼物还不会说话时,我从细枝末节中观察他,发现一个事实:完蛋了,原来教育不是第一因素,基因才是!

他出生不久就有自我意识,总是用哭声指挥我抱着他坐、走、站,可以说我无法左右他的决定。不想吃东西时多一口都不吃,哪怕我揪他耳朵也不行。他对环境的变化十分敏感,当一个玩具在转动时,他绝对不会用手去触摸。

我不知自己在婴儿时期是否也是这样,但礼物的确如此,他的许多行为是天性使然。

对同一事物,很多孩子的表现截然不同,有些孩子天生精力旺盛不爱睡觉,还在月子里时就觉少,一两岁时就自己决定不睡午觉了,能从天亮蹦到天黑。老母亲们只能互相安慰:觉少的孩子长大了当学霸,觉多的孩子长大了心宽无忧愁。

不然还能怎么想?

硬要觉少的孩子睡觉,他一定会在床上难受得翻来覆去;硬要觉多的孩子起来玩,他大概率会闹情绪。

我相信有很多孩子也是这样:有自己明确的喜好,不喜欢吃的绝对不吃,不喜欢做的事绝对不做,不爱玩的玩具绝对不拿。

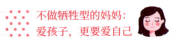

除此之外,有很多孩子发育得很慢,虽然吃很多饭,但是一两肉都不长,睡得很香却不怎么长个儿。很多焦虑的妈妈问我该怎么办,说实话,只要孩子健康,其他的真的只能顺其自然。

我采访了那么多宝妈,没有一个妈妈告诉我她们有法宝能干预孩子的基因,也许科学家能做到,但本着尊重生物多样性的原则,也不能这样去做。

不瞒大家说,我的孩子身上也有很多缺点是遗传的,发现这一点的时候,我的心里很难过,却没有办法,基因并不是择优录用,而是随机组合,孩子生出来之前,谁也不知道他是什么样的。

但是要知道,每20个孩子就有1个有发育问题,转头看到自家的娃,庆幸孩子是健康平安的。

礼物长大之后,有很多培训机构约我带孩子去试听艺术课,我也带他参加了一些,然后内心想要培养一个艺术家的梦彻底破碎了——我的孩子是一个缺少艺术天赋的孩子。

美术班的老师会在下课时问每个人画了些什么,有些孩子会指着自己画上的房子状线条头头是道地讲出一个有人物、有情节的故事来,而礼物耸耸肩膀说:"它就是一个三角形。"

老师指着一些用于装饰的亮片引导他:"这是什么呢?雪花吗?"

礼物看了看,诚恳中不失惊讶:"这是你给的亮片。"

我在一边看着他认真且毫无想象力的样子,差点笑出声。

老天爷啊,看来他长大后会成为世界上普普通通的一员。

我是普通人,我的父母也是普通人,既不具备高端"鸡娃"的雄厚资金,也不具备中端"鸡娃"的超强耐心和能力。

很多艺术家在很小时就表现出了超凡的领悟力和天赋,梵·高10来岁时的素描手稿已经震惊了我,张爱玲之所以敢说"出名要趁早",那是因为很多厉害的人从小就厉害。

但我接受了礼物是一个普通的孩子这件事。

忘记是在哪儿看到的这段话：一个人的成长要接受三件事，先接受自己的父母是普通人，再接受自己是普通人，最后接受自己的孩子是普通人。

不知道你们能不能接受自己的孩子是个普通人，反正我是彻底接受了。

生个普娃怎么办？

我相信每一位父母都希望自己的孩子是个天才，但这种概率确实比较小，毕竟绝大多数孩子都是普通孩子，简称"普娃"。

当你发现你的孩子是个普娃时，该怎么办呢？

每个孩子刚出生的时候，妈妈都会看着怀中的小奶娃说："只希望他健康快乐，别的不重要。"

但孩子稍微长大一些，家长的态度就变了。

家长们开始变得贪心，从前觉得只要孩子健康快乐就行，可现在妈妈们聚在一起讨论你家孩子上了什么兴趣班，我家孩子学了什么才艺。压力瞬间降临，这时候再回家看到傻吃傻玩的自家娃，内心充满焦虑。

我自然能体会这种心情，毕竟礼物在许多方面表现得普普通通，我这样一个"普娃"的老母亲，也压根没有"自己的孩子是天才"这样的奢望。

即便如此，难道我就不教育他了吗？

当然不能啊。

教育里面除了言传身教、耳濡目染，还有很重要的一个环节，就是家长帮助孩子发掘自我优势。

每一个孩子都有自己的特点和长处，但他自己多半没意识到，而家长在一边观察了几年，更清楚自己的孩子到底擅长干什么，是埋在地里长个儿的"土豆"，还是长大了要架秧的"西红柿"，是能三天两头割一茬吃了的"韭菜"，还是一年一熟的"麦子"。

只有先观察,才能因材施教,把有限的资源用在刀刃上,孩子长大后也会感谢父母帮助自己发现自我,自己才能发挥长处、创造价值。

父母不应该永远都拿着一个模板把孩子套进去,就算是蔬菜大棚,也不能苛求所有蔬菜都长得一模一样啊。

我相信这世界上每一个孩子都是不一样的,虽然我总是吐槽我家小孩真的没有艺术天赋,但他算术倒是有几分机灵劲儿,日常傻憨憨的样子像是个"土豆",这样的"蔬菜"怎么能急着从土里刨出来呢?一定要有耐心才是。

在这个方面,我最有感悟的是在参加工作之后,有一次与几位同龄人聊起大学学什么专业这个话题。

我们回答了各种各样的理由,其中我的闺密缓缓地说:"我爸觉得我挺有做媒体的天赋的,所以我选了媒体。"

那一刻,我们几个人都倍感惊讶,天赋是什么?我们好像都没听说过自己有什么天赋。

于是那天下午,几个年轻人就这样坐在一起,郑重其事地讨论起来各自有什么样的天赋。

有一位女生天生对数字敏感,她不仅能随时记住别人的车牌号,还对一件事里的逻辑关系异常敏锐。只可惜,她学了不喜欢的专业,毕业后还做了好几年相关的工作。

另一位男生特别喜欢军工专业,他虽然考上了军校,但由于对专业类别没有深入研究,随手选了一个偏文职的专业,结果念的时候缺乏兴趣,现在更是后悔。

而我自己也是一样,逛街时闺密发现我对服装设计有兴趣,但我并没有学过与之有关的专业,也没有研究过相关的内容。

原来我们每个人都自带技能!然而我们自己却很少发现。

更别说能够早早培养、早早选择、早早踏上适合自己的路了。我们大多数人都是浑浑噩噩地上了大学,之后在不断的尝试中发现了一点端倪,可是重新换赛道的代价又太大了,并非每个人都能承受,于是便不了了之。

这世上不仅有闪闪发光的天才,也有很多拥有自己的小天赋的普通人,只要选对了方向,就能事半功倍。

一个人能够做自己喜欢且擅长的职业,是多么幸运啊!

机灵的二胎

我小时候经常听父母说我姐姐有多傻,而我有多么多么机灵。

听得多了,以至于我真的以为自己是个万分机灵的人。

其实,我只是比我姐姐机灵一点罢了,也完全是因为她走在前面为我"排雷",我自然能做得好些。

后来当我再长大一些,我发现了一个很有趣的现象。

经常听到有些学霸家长"凡尔赛"式的发言:"我压根没管过我家孩子呀,我忙着上班,他爸爸还要上夜班,家里有时候连饭都顾不上做,哪儿还有时间接送上学,更别提盯着写作业了。"

一开始,我以为是那种没复习就考了一百分的论调,心里十分不屑,后来却发现,某种程度上这种事并不少见。生活中类似的例子挺多的,我甚至在想:是不是家长放手不管,反而比管东管西要强许多?

从这个角度上看,一个工作忙得不着家的父亲,比一个在家却不做事的父亲要强很多,一个每周末抽时间与自己朋友聚会的母亲,比日日夜夜盯着孩子一举一动的母亲要好许多。

家长给孩子适当的自由,孩子才更有内驱力,如果什么都要管,孩子反而什么也不想干。

我终于明白了,父母之所以说我小时候机灵,大概是因为家里有两个孩子,父母被老大折腾得已经没有精力再管我。于是我自小就事事自己做,慢慢地也养成了独立自主的习惯。

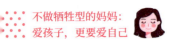
不做牺牲型的妈妈：
爱孩子，更要爱自己

机灵的老二因老大分了家长的神，学会了自己吃饭，学会了自己照顾自己，自己见缝插针地表达需求，于是对许多事无师自通。在"人类幼儿的生存指南"里，也许排名第一的手段就是：引入竞争机制。

很多老母亲从一胎照书养，变成了二胎照猪养，孩子们得到了成长的乐趣，母亲也从此放过了自己。

生个二胎，也许并不都是负担和麻烦。

《中国高考状元调查报告》对1977—2008年我国各地区高考状元（共3300人）的求学和职业等状况展开了调查，结果显示没有一位成为行业领袖。

他们还调查了全国100位科学家、100位社会活动家、100位企业家和100位艺术家，发现除了科学家的成就与学校教育有一定关系之外，其他人所获得的成就和学校教育没有正相关的联系，也就是说学历并不是最重要的因素。

这也意味着，若家长想要通过"鸡娃"的方式把孩子的学习成绩抓到顶尖，从而达到让孩子出人头地的目的，恐怕并不能如愿。

清华北大毕业的大学生们也不一定能满足"成功"的标准，尖子生们进入了知名企业，也不能保证从此一帆风顺、毫无烦恼。

人生的有趣之处就在于一切都会有变化。与下棋不同，人生往往是要走完一步才能看一步的棋，还有许多人"当局者迷"。

从前有一位母亲，因为教育孩子成功而知名，她就是孟子的母亲仉氏。为让孟子有个良好的学习环境，仉氏把家从墓地旁搬到集市，后来搬到肉铺附近，最后搬到文化氛围浓厚的学宫边上，虽然居处湫隘，却心满意足。

有一天小孟轲放学回家，孟母问他今天学到哪儿了，小孟轲回答说和以前差不多。正在织布的孟母当即"以刀断其织"，疾言厉色，从此"孟子惧，旦夕勤学不息……遂成天下之大儒"。

养过孩子的都知道，小孩子挨顿骂就能"旦夕勤学不息"是根本不可能的，大部分孩子都是转脸就忘,有时你还在生气,他已经嘻嘻哈哈笑起来了,一副不在意的样子。

以上是孟母这位中国第一"虎妈"最广为流传的两则故事,但还有一则,并不经常被提及:

中年的孟子,渴望周游列国以展所学,又碍于"母在,不远游"的孝道,经常长吁短叹。这时的孟母已年老,然而她知道之后,鼓励孟子离家远行以实现人生抱负。

"今子成人也,而我老矣!子行乎子义,吾行乎吾礼。"

可见孟母并非一味要孩子成功,而是支持孩子做自己想做的事。

我经常在礼物睡着之后,一边抚摩他的手脚一边感叹:不知以后他会成为什么样的人,也不知道他会经历什么样的人生。

我只希望,他能成为一个自食其力、自我愉悦的人,也能够为他爱的人提供稳定的情绪、持久的爱与理解。

只有成熟的大人才知道,这是多么高的期待啊!

毕竟我们每一个人都在这条路上努力着,连我自己都在努力做到呢。

第十四章

你就是最棒的妈妈

第十四章
你就是最棒的妈妈

很多妈妈在生完孩子之后都会遇到一个很现实的问题，那就是自己的职业发展受限。

近几年职场环境对女性越来越不友好，尤其是已婚已育的女性，HR 怕妈妈们没有足够的时间用在工作上，部门领导怕妈妈们经常需要请假、不能随时出差，员工们怕女同事突然怀孕生孩子导致工作分配到自己头上来。

如同《夹缝生存》这本书里所讲："（社会）正在惩罚养育儿童的人，包括父亲、母亲、日托工作者，并认为他们低人一等。生孩子甚至可以说是职场毒药，是你没有将十二分的精力投入这份工作的明证。"

于是女性在职场往往要付出更多，才能得到和男性一样的竞选机会，还不一定会被择优录用。

这个"优"不是女性个体不够优秀，而是女性的身后没有一整个家庭为自己兜底的"优秀条件"。大多数女性无法心无旁骛地为工作拼搏，而已婚已育的女性则是扛着整个家庭的"担子"在前进。

前文曾说过，许多产假结束的妈妈们会因为无法兼顾育儿与家务，不得不做出选择：离开职场，成为全职妈妈。但每个人都有社会价值和自我价值，工作不仅是我们参与社会的途径，也是塑造自我、体现自我价值的途径。

人类是群居动物，需要和同类一起生活，也需要与更多的同类交换信息、沟通、相处，在这个过程中感受环境的变化与生活的乐趣，哪怕是苦恼，也是自我成长的一部分。

不做牺牲型的妈妈：
爱孩子，更要爱自己

这也是为什么我并不支持女性去做全职太太或全职妈妈，那样封闭、变化极小、沟通相对单一的生活，不适合绝大多数的人。

工作、参与社会劳动是人类社会化的一个重要标志，也是女性能够在社会上享有话语权的基石，一个社会的进步离不开多元视角，一个人的成长也离不开广阔的环境。

如果你正好处于职业转型的初始阶段，请记住最重要的两个词："寻找自我"和"不怕尝试"！

走到自己的路上去

如果说工作是一条路，有不少人都是在走那些别人认为好、认为应该走的路，但是自己却走得很不开心。当然也有很多人连自己想走什么路也不清楚，迷迷糊糊地过了大半辈子。

当一个人大学毕业，先走一段该走的路，积累一些经验，再向自己真正想走的路去靠近、去努力。我认为这是正常的，每个人都会在人生当中不断地尝试、不断地刷新，然后或主动或被动地发生改变，这几乎是当代许多人共同的经历。

但如果一直没有走那条自己想走的路而心有不甘，就不值得了。

其实每个人都需要职业转型，尤其是妈妈。也许在这个"谷底"的时刻，正好是妈妈们进行职业转型的最佳时机。

那么，什么是自己想走的路？

午夜梦醒时分，如果你总是问自己：这个工作真的是我想要的吗？我真的要这样过一生吗？

那么就说明，现在你所走的路并不是你想走的路。

想要完成属于你的职业转型，必须先找到自我，不知道自己真正的想法，自然也找不到跟自己匹配的职业。比如一个数字敏感型的人，非要他天天在办公室写公文，即便能写，也会很为难，而且再努力也不可能像真正擅长写作的人写得那么好，升职

加薪自然也就无望。

这就是自我和职业不匹配的典型。

不匹配的职业，意味着我们很难满意做这份工作的自己，我们在其中的行动、思考和感受也都很难获得价值感。

从该走的路去往想走的路，这就是职业转型，每一次职业转型其实都是一次实实在在的自我发觉和自我实现。

我自己曾完成过很多次职业转型，从体制内到自由职业，从一个人到有团队，从做实体婚纱店到做线上购物，从写小说到写这样的育儿书籍，不断地发掘自己，并且一次一次验证了自己的价值。

还记得2018年是我辞职的第一年，想到需要收入去维持生活，最后给自己立下了一个当年的收入目标：5万人民币。

对标的收入来自原来在体制内10万出头的年收入，从目标上来看，我倒是丝毫没有膨胀，对自己的要求也不高。

万万没想到，时间自由了，心态自由了，我整个人也撒了欢，原本的线上经营，由于我辞职以后把时间和精力大量转移过去，当月就赚了7000多元。

我这才明白：时间和精力原来要用到对的地方才行，不然容易白费力，甚至还会对自己产生怀疑。

前阵子，我凭着自己的经历替一位好友做了职业转型规划，建议她舍弃原本理工科的后台工作，转型为前端专业能力更强的销售工作。

为什么呢？

天赋强、能力高的专业技术人才，如果能下决心转型做销售，是有着巨大的优势与潜力的。

她所在的行业也体现了这一点，前车之鉴也多得是。果不其然，半年之后，她的收入便超过了一开始给自己定下的小目标。

我想，是不是每一位女性都低估了自己的实力呢？

不做牺牲型的妈妈：
爱孩子，更要爱自己

许多女性从小被打压着长大，以为自己哪儿都不行，不如男孩机灵，不如男孩有后劲，不如男孩天赋高。很少有人在意真实的数据。

从 20 世纪 90 年代开始，女性的学业优势不断扩展延伸，在所有学科领域及各级教育水平上，女性的学业表现几乎都赶上了男性。

1999—2008 年期间，高考状元中的男生比例由原来的 66.2% 下降到 39.7%，其中，文科状元的男生比例由 47.1% 下降到 17.9%，理科状元的男生比例由原来的 86.1% 下降到 60.0%。但在基础教育阶段，女生的总人数却少于男生，全国小学、初中的女生占比不超过 47%，高中女生占 49.98%。

也就是说，女性在参与教育的人数明显不如男性的情况下，表现得不比男性差。

各位女性朋友，不要再觉得自己不行，大胆去尝试吧！

我曾经做过现在很流行的职业性格测试，前阵子也给几个好朋友做了测试，我们在测试过程中发现：人其实是在不断变化的。有一位我认识了 10 来年的女孩，她年轻时又自我又任性，结婚生子之后却变成了"奉献型人格"，这在以前简直不可想象，连她自己都惊讶于自己的变化之大。

而我明显感到自己从 20 岁时那个思前想后的"讨好型人格"，变成了说干就干的行动派。是的，我 35 岁了，为什么还要在乎跟我无关的人怎么想？别人怎么想就随他去吧，我想干的事情一定要先干了再说。

我们没必要用一个测试的结果框住自己，但我们可以从这个结果得到启发，对自己的认识不能一直停留在 5 年前或者 10 年前，现在的自己也许是最熟悉的陌生人，如果不试一试，你都不知道自己能干好从未接触过的领域。

寻找自我不是从一个框里出来，又进了另一个框。发掘自我要靠你自己去实践、去尝试、去调整。

寻找自我也是你在寻找和选择的过程中不断丰富起来的，像一张只有一盏灯的黑暗地图，灯在你的脚下，走到哪儿就照亮哪儿，只有越走越多，才能看到这张地图完整的样貌。

如果你已经职业转型成功了，回忆起来会有一种"一切就应该是这样"的感觉。而当你动了职业转型的念头时，自我发掘的意识已经在你的脑海中萌生出来，你需要做的是种下这粒种子，然后等待它日后开花结果。

不怕尝试

也许有人会问：为什么许多女性在30岁左右的时候，三观会发生这么大的转变呢？

这要"得益于"她们的家庭和生长环境对她们孜孜不倦的"教育"。年轻女孩能享受男权社会的那些小恩小惠，如果再有"讨好型人格"助攻，那就更明显了。

可是破功却在一夕间。生育，是让很多女性彻底心寒的一道坎。生育激发出的不仅是女性作为母亲细细探寻的本能，还有对日常司空见惯的那些不合理现象逐步产生的怀疑。

生育会撕掉这个世界一直在迷惑女性的最后一层面纱，丧偶式育儿会进一步让女性明白爱情和婚姻并不是想象中的样子，世界上不存在拯救自己的王子或者救世主。

哪怕是光鲜亮丽的女明星，也会在节目里坦言：生育之后，当她忙着带孩子的时候，发现自己的丈夫如同从前一样在打游戏，那一刻，她意识到生育彻底改变了她的生活，她永远做不回从前的自己了。

不仅如此，很多女性成为妈妈之后才意识到，原来并没有人那么在意自己。

诚然，在我们小的时候，父母不会让我们操心钱或者生存的问题，也不会教我们成为手握能力的强者。相反，他们希望家里的女儿们最终能成为"妻子和母亲"，许多女生都是被这样期待的。

波伏娃在《第二性》中提道："男人的极大幸运在于，他，不论在成年还是在小时候，必须踏上一条极为艰苦的道路，不过这是一条最可靠的道路；女人的不幸则在于被几乎不可抗拒的诱惑包围着，每一种事物都在诱使她走容易走的路，她不是被要

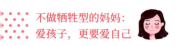

求发奋向上，走自己的路，而是听说只要滑下去，就可以到达极乐天堂。当她发觉自己被海市蜃楼愚弄时，已经为时太晚，她的力量在失败的冒险中已被耗尽。"

成年之后的女性，经常徘徊在事业、婚姻、育儿之间，还要面对"年龄焦虑"，在生活的泥沼里挣扎，这些痛苦和无法选择的根源就在于：从来没有一只手能够伸出来帮助我们，告诉我们勇敢去尝试，去做你自己！

尤其是当我们成为母亲后，一切都变了。

我们迫切地想成为自己，我们需要这种强烈的动力去实现自我价值和社会价值。成为一个拥有独立人格的人，在做妈妈这条路上是一件很重要的事，这意味着：我可以通过自己的力量扭转孩子的观念，也可以在必要的时候保护自己和孩子的未来。

当然，职业转型没有那么简单，很多人短时间内连续换了好几个工作，因为职业转型也是一个试错的过程，中间会有很多的考验，就像每个人都有很多面，虽然不一定每一面都是你喜欢并认可的，但也需要你逐一去了解。

这个过程非常具有挑战性，可经历这个过程，能让人充满了成就感。

一个人能在自我价值和社会价值之间取得双赢，是一件很困难的事，但不断靠近的过程会带给你巨大的收获，不管是内心给自己的赞赏还是外界的肯定，不管是精神上的还是物质上的收获，都会令你惊喜。

如果你不理会自己内心的召唤，上班上得很痛苦的时候，你就会意识到自己因为没有勇敢接受人生的挑战，而失去了一些重要的东西。

在我们既往的生活经历里，真正通过自己的经历而获得的宝贵经验其实没有那么多，静下心来想一想，大部分经验其实都是家庭、父母、社会灌输给我们的。

那些重要的东西往往埋藏在我们的内心，如果我们从来不去尝试实现它，它就只能一直埋藏下去。

华大集团的尹烨在访谈中说过："人类进步的本质是什么？就是下一代不怎么听上一代的话。"

这句话我深以为然，如果人人都听别人的话，世界将一成不变、毫无发展。先有一小部分人偏离了大众轨迹，做了自己想做的事，最终获得了好的结果，受到大众的认同和接受，于是更新了大众的轨迹。如果真有一种权力能规定每一个人做什么、想什么，那人类的进步早就到此为止了。

回头想想，人生中很多关键的节点，都源于一次没有计划的尝试。是尝试改变了最初的畏惧感，带来了全新的体验和认知。人生就此改变。

这与很多科学育儿观念对父母的建议如出一辙，如果我们能够鼓励孩子勇于探索，对孩子的尝试充满信心，那么我们也应该将这份心意分给自己一些。

美剧《傲骨贤妻》中，一位女性律所合伙人问主角之一的艾丽西娅想要什么，艾丽西娅回答："我想要快乐的生活，我想要掌控自己的命运。"

7年之后，她做到了。

在此分享剧中一段经典的台词："当你试图敲的门终于为你打开，不要问为什么，快步跑进去就是了。事情就是这么简单，没有人会为你打点一切，没有人会欣赏你的消沉。"

最后，我要告诉所有的女性：我们脑海中曾经幻想的那些令人害怕的结果，并不一定是客观的，也并不一定真的会发生。

当一个人行动起来时，周围的环境会发生改变，你的眼睛所看到的东西也会随之变化，此时以前从未察觉的坏事、好事都会冒出来，而你要做的，便是大胆行动，不要被思虑禁锢住手脚。

勇敢尝试，并不是要让大家盲目行动，而是要在一种不惧改变的心态下行动，只有敢于尝试，才能改变让你不满的现状，只有脚踏实地地挑战，才能把握属于你自己的人生。

教育，不应该用连你自己都做不到的标准去要求孩子，而是应该以身作则地去影响孩子。在尝试的过程中，也许会有痛苦或失败，也会经历挫折，但这是一个立体且真实的过程。在这个学习的过程里，孩子能感受到妈妈的勇敢、坚韧等良好品质。这

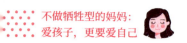

样一个独立的，对自我价值和社会价值有着追求的妈妈，自然也会成为孩子内心崇拜和学习的对象。当孩子长大了，他会由衷地赞叹："我的妈妈最棒！"

因为你确实是最棒的。

心理咨询:从偷偷摸摸到大大方方

第十五章
心理咨询：从偷偷摸摸到大大方方

我清楚地记得，刚有了孩子的那段时间，我根本没时间写作。当时我每天必须面对大量的家务活，还要照顾礼物，在他醒着的时间里，我几乎没有空闲的时间。而写作这个活儿，必须有安静的空间才可以进行，中途还不能被打断。

写不出来文章的时候，我一遍一遍地翻冰箱，嘴里叼着各种吃的，像头母狼一样在餐厅里来回踱步，可是却一点灵感都没有。

我想起从前单身的日子，当时在娘家居住，赶稿子时把自己关在卧室里奋笔疾书，谁叫也不开门，只有吃饭时才出来，吃完了放下筷子继续闭门写作，家庭的运转是我妈操心的事儿。

结婚生娃之后，我对那些一边带娃一边读书或是仍然能保持创作的超人妈妈们感到十分钦佩。她们一定是压缩了很多自己休息的时间，并且具备高效的注意力，才能达成这样的成就。即便不是天赋异禀，也不是一般人能轻易做到的。

以前的作家、艺术家、学者之所以大多都是男性，是因为他们就如同单身时候的我，能够将全部的时间和精力投入到"自己"的事情上，何况家中有贤内助，甚至很多人的妻子会充当他们的助理，帮助他们承担校对、誊稿、事务处理等繁杂的工作。

"被压迫"是我在那段时间里最为强烈的感受，我经常觉得暗无天日，甚至喘不上气。

虽然很多心理咨询师把这种"压迫感"解释为"产后抑郁症"，但我知道这种压迫感的诞生不只是因为自己心理上出了问题，更是源于社会对女性的不公。

这几年，我们的公共资讯和记忆里留下了许多与"女性"相关的话题。它们很少

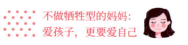

是令人振奋的，更多的是负面的。它们也很少是新鲜的，只是以不同的形式在太阳底下一遍一遍地发生。

人们开始变得敏锐，似乎是近几年出现的如浪潮般涌来的女性话题，其实不过是现实冰山的一角。历史上大量未曾暴露的故事，背后有着更为复杂、庞大、混沌的脉络，像一棵巨型大树的根，勾连着一代代女性的命运。

之前的很多年，"产后抑郁症"并不被重视，有时还会被产妇的家人们以揶揄的口吻，在家庭矛盾难以解决之时，用推诿责任的方式抛出来。

很多心理问题的发生，恰恰是因为我们的文化里对它习惯性的忽视与抗拒。

心理疾病很长时间都与"精神疾病"画等号，人们抗拒谈论，更抗拒承认，更别提有科学的认知。

在我初中时，当时我所在的三线小城里接连发生了两起青少年自杀事件，引起不小的震动。教育局的反应很迅速，立刻从校外聘请了几名心理学老师，安排他们每周为全市初高中的孩子们上一节心理课。

这是我人生中第一次正式接触到心理学，老师们带来的人格分类等知识让我十分感兴趣。非常幸运的是，温柔博学的女老师在课堂上对正值青春期的孩子们说了这样一段话："心理疾病或者心理障碍不是精神病，我们大多数人都有不同程度的心理障碍。而心理疾病患者很少会伤害别人，反而更容易存在自毁倾向。"

从那以后，在任何时候听到谁产生自毁念头时，我都会第一时间建议他们去寻找专业心理咨询师的帮助。

就像一个人突发急病，得去医院找大夫，而不是在家里用江湖秘方试验。

在一个人漫长且细碎的人生中，幸运与平顺都不会一直持续，几乎每个人的生活都是按下葫芦浮起瓢，谁也无法保证自己的心灵永远不遭受磨难。产后抑郁症高发，也是因为抑郁情绪潜藏在每个人的心里，不仅仅是许多生育后的女性，各个年龄层的其他人群也会有抑郁、焦虑等不同程度的隐性心理问题。

真应了那句调侃：作为现代人谁还没个病啊。

女性特有的痛苦

女性所谓的"母性"和"母职"是与生俱来的,还是被社会界定的?

我们在前文中也讨论过,在"母性""母职""女主内"等长期萦绕于耳的规训之下,女性的社会角色始终被禁锢在家庭范畴之中,即便女性走出了小家庭,仍然有无数个"父权大家庭"在等着你。

身为女性,我们总是会感到有无数人站在一边,对自己该做什么不该做什么、做到什么程度随意指点。

尤其是当你成为一个母亲之后,容易被人忽略的一点:除了是"妈妈"之外,你还是你自己。

我想说的是,社会不能将母亲的角色理想化,用艾德里安·里奇的话来说,我们需要把女人的"母性"作为一种"体验",而非父权结构下的"成规"。

没有完美的人,亦没有完美的角色,一切极端导向的词汇都是陷阱。

社会舆论对男性犯的错误总是格外宽容,对女性的评判标准却异常苛刻。这并非个人的痛苦,而是整个社会日积月累形成的风气所致。当女性成为母亲,在养育过程中会经历无数的不公平和困难,结果往往让人感到无力。

在许多现代家庭里,婴儿有任何意外,母亲常常是第一个受到指责的人,可她们也是最不希望看到这种结果的人。周国平写的《妞妞》里详细记录了他的女儿妞妞罹患恶性眼底肿瘤的事情,在妞妞患病期间,父母陪伴她度过了短暂的一生。我在高中阅读这本书时,只会为了妞妞的痛苦而落泪,但当我成为一个母亲之后再读这本书,一方面会与妞妞的父母共情,一方面更为那些无法健康成长的孩子感到难过。

也有很多女性是在生了第一个孩子之后,才意识到作为女性,在这个社会上所遭遇的不公。比如有的父母会默认"嫁出去的女儿泼出去的水",口口声声100分的爱,能落到实际行动上的只有50分;比如公婆所谓的"生男生女一样好",背后的意思其

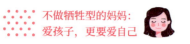

实是"生个男孩当然更好"。

这些是许多人无法改变的现实，但它们的存在会发人深省。

成为母亲后的女性，内心忽然产生了那么多从前不知道的愤怒。在孩子出现不妥行为时，众人会在第一时间议论妈妈是否失职，却很少有人提到爸爸是否失职。

以下这种情形想必大家都很熟悉：一位妈妈带着自己2岁的女儿去上早教课，不知道为什么，孩子一直在号啕大哭，从教室哭到走廊，再哭到卫生间，整层楼都回荡着她的哭声……这类场景也许你不仅在早教班见过，在高铁上、飞机上、商场里、餐厅里也都见过。

大人已经在努力安抚孩子了，但安抚并不总能立刻起作用。为了带她来上课，这位妈妈也许连脸都没有洗，衣服也是胡乱抓起来套上的，其实她本身并不是这样邋遢的人，只是有时候现实让人太无奈。

痛苦并不会使人成长，长期浸润在痛苦中反而会使人怯懦，内心深处的痛苦是不能够轻易被自我化解的。很多时候，创伤会带来创伤后应激障碍（PTSD），反复的创伤会令人选择性地遗忘，甚至是解离（一种或多种正常、主观的完整心理生物功能的瓦解或中断。所指的心理功能包括记忆、身份、意识、知觉、运动控制等）。

心理咨询师不能帮你解决一切问题，所以许多妈妈的不良现状，只能由她自己行动起来去改变。

心理咨询师会认真听你讲话，用心和眼睛观察你，将你的情绪接纳下来，并将你内心深处最想要的关系的模样描摹出来。

这样解释，你是否能明白呢？心理咨询是有边界的，它并非万能，但可以真正帮助到你。

我与很多正在进行心理咨询或者已经结束了阶段性心理咨询的妈妈们保持着沟通，不光我一个人受益良多，她们都表达了对这种神奇体验的感谢之情。

其中一位妈妈说："如果不去做心理咨询，我永远都不会知道自己的存在不是错误。"

另一位妈妈说:"心理咨询确实挺贵的,但我一想到'忍一时子宫肌瘤,退一步乳腺增生',就觉得这些钱拿去治那些被气出来的病,倒不如从根本上解决问题。"

心理咨询确实无法像灵丹妙药一样解决一切,但它会深入筋脉,让我们执着在某一个角度的颈椎活络起来,扭向之前被忽视的另一边。因为心理学广阔的角度,给人提供了复原的支点。

自救与他救

很多新手妈妈都曾经被别人说过"太矫情""身在福中不知福"。

生育之后出现的产后抑郁症状是否是女性特有的呢?

也不尽然。

假设一位女性生产之后,将育儿事务全都交给爸爸,那么爸爸是否也会出现产后抑郁的症状呢?

答案是会的。

女明星戚薇的丈夫李承铉曾坦言自己有过这样的感受,以前对于全职妈妈或者全职家庭想得太简单了,可能看上去很轻松,实际上却耗费了大量的精力和时间。当他产生负面情绪的时候,很容易冲女儿发怒,虽然女儿也许并没有做错什么。对女儿发完脾气之后,他又开始自我谴责,觉得自己不是一个合格的爸爸,又开始努力去学习如何做一名合格的爸爸。

由此可见,产后抑郁不分男女。说白了,就是谁负责谁抑郁,谁带娃多谁抑郁。

弗洛伊德在《悲伤与抑郁》一文中提道:"当你悲伤的时候,你觉得世界是空的;而当你抑郁的时候,你觉得自己是空的。"

这种"空"的感觉,形容得非常贴切。我在陷入抑郁时,常常感到自己被封在一层透明的薄膜里,我与世界和他人无法产生真正的触碰,我的一切都被裹起来了,紧到令我无法呼吸。

那么如何才能判定自己或他人得了抑郁症,而不是抑郁情绪呢?

除了使用正规医院或心理咨询机构的 SDS 抑郁自评量表之外,还有其他几个简单的方法可供参考。

首先,这种低落的情绪持续多久了?

是今天生气明天就忘了,睡一觉吃顿好的就能缓解,还是这种低落灰暗的感觉持续很多天却仍旧无法排解?

其次,抑郁感只是针对偶发事件,还是对整个人生都有强烈的否定感?

有人在工作中犯错,被上司骂了一顿,下班气到要死,找朋友喝点小酒吐槽一番,次日又像没事人一样上班去了,见到上司心里想的是"可去你的吧"。

有人因为在工作上受挫,导致他开始怀疑人生,觉得自己就是个废物,这辈子一事无成,从早到晚都觉得自己好失败。

如果你属于后者,这样的状态持续了一阵子的话,那就要及时干预了。

最后,中度以上的抑郁症会因为心理状况不佳而引发不良生理反应。比如长期入睡困难,睡眠质量差,甚至彻夜不眠,可一旦睡着又很难醒来,甚至达到嗜睡的程度,这是身体自发地在逃避醒来之后的痛苦感受。

极端痛苦不仅仅给人带来苦恼,甚至让部分人想要放弃生命。

我也经历过那种灰暗的时期,清楚地知道这种状况并不是他人可以解决的,也不是简单的"想开点"或者抱怨几句就能过去的。

跟大家分享一下我某段并不愉快的经历吧。

第一个前提,当时由于我独自带娃将近 3 年,这期间本身就积累了很多委屈的情绪,而我这个人从小性格独立,不愿意轻易向人求助,尤其是求助无门之后,强烈的孤独感让我非常痛苦。

第二个前提,夫妻关系的长期疏离使得我无法从亲密关系中获得正面反馈和被爱的感觉,再加上当时的伴侣本身就是一个不够成熟的人,维护这段关系让我筋疲力尽,我无法接受貌合神离的婚姻关系。

后来在讨论离婚的过程中，双方产生了很大的分歧——我要离婚，对方拒绝。

人并不会被分歧击倒，真正会让人感到恐惧和痛苦的，是在出现分歧时所产生的攻击行为，几个小时的谩骂、持续几天的冷战、一整夜的自说自话、自残或者自杀威胁等等，女性的弱势在这个时候体现得淋漓尽致，我只能沉默。

在长达一年的精神压力下，因为非常在意孩子的心情，我既不反驳也不参与争吵。一次，礼物的爸爸突然暴跳如雷大喊要离婚，2岁半的礼物反应却非常平静，他指着家具顾左右而言他："妈妈，这是什么？"

我回答："这是桌子。"然后起身抱着他离开了令人压抑窒息的客厅。

如果你问我，在这一年半中是否动摇过，我会诚恳地回答："有过。"巨大的心理压力和痛苦让我非常纠结，害怕处理不好会伤害到我心爱的宝贝，也害怕自己在这个过程中会坠入更深的绝望。

之后有一天，我在街边看到一个妈妈牵着一位小学生走在路上，这位妈妈不管说什么，孩子都要大声反驳，并且是用鄙夷的口气。

那一刻，我想我必须离开"有毒的环境"了，自己即便为了孩子委曲求全，也不会有什么好结果，不被尊重的妻子也不会成为被尊重的妈妈。

在我坚持要离婚的这段时间里，突发过两次令我极端痛苦的事件，孩子的爸爸毫无预兆地将孩子带离本市，差一点儿将我推入"死局"。

崩溃来得很迅速，日常心率不超过70的我在接下来的几天都持续着高心率的状态，人的本能及欲望降到了最低，无欲无求，只因毫无希望。

绝望这个词，在某种意义上是个很匮乏的词，它只有两个字，却描述了一种根本无法用语言形容的状态，绝对超出了这两个字所能体现的。

只有经历过这种状态，才能体会到有多么绝望。到现在我都记得那种异常痛苦的感受。以前我不明白什么叫天都塌了，那时我明明白白看到天地一片黑暗混沌，我整个人被无形的手揉搓成一团血肉，毫无抵抗能力，发不出任何声音，一切感受都被憋在身体里，我失去了诉说的能力，也失去了感受其他事物的能力。

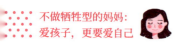

大脑一片空白,肉体感知剥夺了头脑运转所需的热量,它们前所未有地被放大,充满了所有的感官,并且联动起来。

我开始毫无食欲,吃饭味同嚼蜡,也睡不着觉,因为脑袋里无数的念头停不下来,看到太阳只觉得刺眼,到了黑夜只觉得漫漫无涯。

也许是被我的样子吓到了,那段时间我身边便始终有人寸步不离,生怕我出什么事。后来我的挚友与我讲起,她说:"我能感到你的生机在一点一点地消失。"

当时是夏天,我躺在床上浑身发冷,咽喉里是熊熊的火,心脏一直在高速跳动,一度让我呼吸不畅,整个人虚弱到极致,走几步路都会双腿发软。

心痛,手指痛,胃痛,脑袋和耳朵里痛,连眼球里的血管也是痛的。

我不再产生任何高级的情绪,只有简单粗暴的想法,除了无法抑制的恨,就是无法抑制的自尽的念头。

有一天深夜,我依旧没能入睡,躺在床上看着窗外的月亮,似乎它在叫我过去。

现在回忆起这一切,我才发现很多试图自杀的人并没有骗人,当下那一刻的感受的确如此。

我很幸运,我的一位远在1000千米之外的好友,她也深受心理疾病的困扰,以至于久病成医,敏锐的她察觉到了我的异常,用了几个小时的时间一边请教专业心理咨询师如何干预自杀,一边与我进行文字对话。

当晚算是平安过去了,没想到在隔了一天之后,看起来似乎好了的我,还是没能坚持住。

如果那天是一个阴天,也许你们就不会读到这本书了。

我支开身边的朋友,关上手机,写好遗嘱,穿上自己最喜欢的绿色吊带裙,我站在露台上,恰巧看到了漫天的火烧云,红透了大半个天空,异常壮丽。

我很喜欢夕阳。我没有跳下去。

后来我想,我还是热爱着这个世界的,世界也善待过我。但我不能假设每一个深陷绝望的人都能有这样的幸运。在无法自度时,别忘记还有一通免费电话可以打[①]。

一个人想解决困难,首先要解决自身的问题。

当我们病了,无法靠自己的力量解决时,求助于心理咨询师与生病时求助于医院里的医生无异,都是对自己的生命负责。心理的疾病也和身体的疾病一样,不用想太多。

当我们去治疗身体疾病时,一定会不惜一切代价让自己恢复健康。而心理疾病往往更隐秘,可能没有明显的痛觉与体征症状,但对人的摧毁力不容小觑。

生命是一趟单行的列车,一定要记得定期检查、保养、修缮这辆列车,这是我们能够为自己做的最基本的事。

---

① 青少年心理咨询和法律援助热线:12355
妇女维权公益服务热线:12338
希望 24 热线:4001619995

第十六章

打破僵局,建立自己的交流模式

第十六章
打破僵局，建立自己的交流模式

当今世界已进入信息时代。而在远古时期，交换信息不仅是人类的生存必备技能，也是动物避开灾难的手段。科技的发展使得现代信息交换的速度更快、范围更广、方式更多元。

交流，依旧是当今人类生活中很重要的一环，随着人与人之间的交流更加深入、复杂、多面，对现实生活也会产生不同的作用。

人的感情也是建立在人与人之间的交流之上的，交流一旦停止，感情也会跟着冷淡起来。

交流产生的碰撞是非常美妙的。当人们恋爱时，这样的碰撞具备极大的魅力，而进入婚姻后，由于生活目标的趋同，交流变成了尽可能以统一为目标的单向形态，自然也就感受不到曾经火花四射的愉悦。

此时会产生一个新的挑战。

结婚生子，意味着彼此深度参与到对方的生活中，完全看清彼此的真实面目，同时认识更加真实的自我。将生活中的一切波动都完全分享给对方，琐事之中体现彼此的生活态度和三观。共同构建的围城既能保护彼此，也能深深地伤害对方！

如果不是因为有爱，恐怕没人愿意迎接这样的挑战。

并不是每次挑战都能顺利进行，很多人在这个过程中会陷入僵局，尤其是女性。

成年人的世界和学生时代时不同，没有人会为我们铺设出一条康庄大道，我们只需心无旁骛地努力即可。成年人不仅要为自己和家人努力创造出良好的外部环境和心理环境，还要努力完成这条路上升级打怪的任务。换而言之，你就是自己的依靠，在

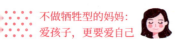

这条路上,你的伴侣也许不能一直与你同行。

从小我就和大多数女孩子一样,一直受到一种很制式的自我认识的暗示——女孩长大了要工作、结婚、生子,就这样过完一生。于是当这个过程中突然有环节受阻时,我首先得想办法解决它。而当我发现根本解决不了时,就会产生巨大的挫败感和坍塌感。

没有人告诉我,当你的人生伴侣无法与你同行时,该怎么办?

女人之间的真挚友谊

很多人包括我的妈妈都曾跟我说:"别看你现在跟你的朋友们的关系如此要好,恨不得同穿一条裤子,但当你们结婚生子之后,会慢慢地不再联系对方,这种情况会持续到孩子长大离开家、丈夫退休的时候。到那时你才有时间重拾年轻时的友谊。"

似乎女人的友谊天生是不长久的、脆弱的,永远不如男人的友谊来得强烈和持久。

近些年的社会舆论中,"闺密"一词产生了一种暗地里较劲和互相抢夺嫉妒的论调,闺密也随之成了一个贬义词。

但我的人生中并没有遇到过这样的情况,当我将这个问题向我的闺密们抛出时,得到了出奇一致的回答:"如果一个男人让我和闺密都产生了暧昧情愫,那这个男人一定有问题,最好谁也不要选他。"

看,问题就这么解决了。

我在她们身上学到了很多,比如旁若无人的自信,比如理直气壮地质问,比如不落俗套的回应。她们鲜活、真实,各有各的脾气,也各有各的道理,也许与我无法完全"兼容",但彼此"运行"得很顺畅,丝毫不存在"系统"冲突,相处的日子也甚为美妙。

一个人的世界就只有那么大,但如果你有了朋友,她带着你,你带着她,互相沿着对方的轨迹走一遭,我去你的世界里看一看,你也来我的世界看一看,我们的世界就一起变得更广阔了。

曾经有很多人发出过这样的疑问:"女人之间是否有真正的友谊?"

这个问题就如同它的孪生问题"男女之间是否有真正的友谊"一样,根本不需要回答,因为这个假设本身就是伪命题。

真正的友谊能够产生在任何个体之间,不拘泥于形式,也不受限于性别,甚至不会被物种所困,重点在于,如何定义真正的友谊呢?

在我10来岁的时候,我认为一起上下学、做同桌、传小纸条、分享少女心事的同学与我便是真正的友谊了,那时候我们曾经以为可以一辈子这么好下去,这种憧憬和爱情一样。

在我20多岁的时候,我认为无条件信任、无条件支持我的朋友们是真正的友谊,因为当我站在选择的关口,是他们告诉我无论如何都会站在我的身后,哪怕我爱错了人、选错了工作。

当我30多岁的时候,我不再思考这个问题,因为人与人的相处模式是不一样的,而我会用自己的不同面去和不同的人相处,它们都是真正的我,而对方也与我产生了真挚的友谊,我们包容着对方的不同,也欣赏着对方的美。

不管是通过吃吃喝喝建立起的感情,还是以"君子之交淡如水"的方式相处,甚至与只见过一两次面或者根本未曾谋面的"互联网亲戚"之间的联系,都是友谊。我能确定的是,女性与女性之间其实并没有那么多的恶意,反而充满了理解、怜悯、尊重、敬佩。

每个人对情感的定义都有所不同,谁也不能将它一刀切,答案不在书上,不在别人的口中,只在你自己心里。

我有一个因豆瓣①建立起来的妈妈群,这个群陪伴了我五六年,群里各家各户的孩子们都是我们看着照片和视频长大的,我们彼此知晓对方的过去与现在,很难与家

---

① 豆瓣是一个分享读书、电影、音乐等作品信息的社区网站。

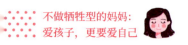

人开口讲的秘密也会分享给大家听，大家的意见中肯且真诚。

工作之余，我们还会互相推荐书籍、课程和日常信息，涵盖范围广，几乎没有我们不能分享的内容，经常前脚讨论如何解决幼儿便秘，后脚就谈到了人生的理想与追求。大家也会感叹：这是多么神奇的对话啊！

这样的交流，可以说是"神仙友谊"了。

我记得26岁时，我想在工作之余创业，便和一位相交甚好的闺密商议，最后一起开了一家婚纱店。虽然店铺最终在我临产前被转售了，但创业的3年中，一起被社会毒打的日子还历历在目，至今聊起来都觉得十分有趣。

在我身上发生过很多类似的故事，我的朋友来自五湖四海、各行各业，在我们频繁的交流中，我也从友谊中获得了很多的力量。

现代女性之间的友谊并不比男性间的友谊低一等。男女之间也存在纯粹的友谊，在友情领域互相认可，并没有那么多猫腻。

至于为什么结了婚生了孩子，好朋友便渐渐散去，我认为还是"为家庭退让和奉献"的念头在作祟，任何感情都是需要经营的，如果没有时间和精力参与到与他人的交往中，那友情自然便淡了。

还有一个很重要的原因，是人生节奏不同导致的认知不同。当已婚已育的女性进入到新的人生阶段时，确实很难参与到单身未育的闺密的话题中去，很容易发生互不理解的情况，毕竟人生的主要矛盾已经完全不一样了。

时间会带走旧事物，也会带来新事物。人就是在这样一边走一边失去的过程里，精简了生活，也断舍离了人际关系。

我有一位大学同学，她并不算是擅长与人交际的性格，甚至可以说有些内向，大学4年与班里的同学也不怎么熟悉。某一天她突然爱上了手语，简直如痴如醉，恨不得睡觉做梦都要练习打手语。

爱好促使她加入了手语社，这下子可热闹起来了，几十个有一样爱好的年轻人凑在一起，欢快得不得了，她在手语社里与大家相处甚欢，交到了几个好朋友，一扫之前痛苦的人际烦恼。

所谓交朋友，就是要去交往，不管是依赖于感情基础还是爱好特长，每一个人都需要获得友谊。

建议每个女性都能多为自己安排属于自己和朋友们相处的时光，多安排一些姐妹间的"纯粹友情日"。

你的朋友是长在你后脑勺上的眼睛，千万不要将它们蒙住。

古人云："唯在辩中，乃能生之至计、宜也。"

谁来加入争辩呢？

正是我们的朋友啊！

靠近真正的知识

历史学家尤瓦尔·赫拉利指出："信息不是知识，信息就像一堆乱七八糟的木桩和石头，而知识就像盖房子，你要仔细地把这些凌乱的木桩和石头按照正确的顺序摆放好才行。"而现在的信息太多了，人们要把零碎的信息搭建成一个有意义的知识架构变得非常困难。这也是为什么很多人感慨"听了那么多道理，依旧过不好这一生"的原因，大量的信息不一定能指导我们的行为，可能你读了很多信息却依然茫然若失，还是感到很失落，因为你没有真正获得有用的指导。

在丰富的信息之中，人反而变得贫瘠。

越来越多人患上了"阅读困难症"，他们不再能花几个小时好好读一本书，甚至很多人不能坐下来好好看完一部电影，而是去看5分钟的电影解读。

当代年轻人真正需要的是搜集碎片信息并整理出全局视野的能力。

如果你不具备这样的全局观，那么面对新鲜的事物，就总会被牵着鼻子走，从而丧失专注力以及找准自己定位的能力。

当我还是学生时，对这一点的感受并不明显，可进入社会之后，便发现很多成年人跟我说过的那些话原来是真的——要珍惜在学校的时光，因为只有在学校里才更容易学习到知识，上班之后想要学习会越来越难。

尤其是我在体制内工作的那几年，对此的感受更加明显。我的时间和精力被大量琐碎的事情占用了，根本没办法在工作之余汲取更多的知识，只能通过一些娱乐节目让我的大脑放松一会儿。

但是真的有好一点吗？

恐怕没有。

不管是刷抖音还是看小红书，我都只能得到大量的零碎信息。大脑在白天处理工作时就是这样的运作模式，结果休息时还是这样的运作模式，这也是为什么我们总会感到越休息越累。

我认识一位学霸朋友，她告诉我当她感觉到做题有些累了，就去打羽毛球换换脑子。听到这里，我的感想是："你确定你不是在凡尔赛吗？逗我呢？"

从科学用脑的角度上看，她说得很有道理，在运动的时候，她的大脑的确得到了休息。运动产生的大量多巴胺和内啡肽，会让人产生一种非常"高级"的愉悦感，远胜于刷短视频获得的乐趣。

好在我既不打游戏也不爱看直播和短视频，我所有的闲暇时间至少有一半都用在了看电影和看书上面，书籍确实为我打开了很多扇通往外部世界的窗户，使我受益匪浅。

多读书的好处是无穷无尽的，而且要广泛、多类别地去读书，不怕不懂，就怕不读。可以说，书籍帮助我建立了自己的世界观、价值观、人生观，也形成了我的一部分认知体系，而实践让我拥有了分辨能力和逻辑思维。

在学校里，基本都是老师教到哪儿就学到哪儿，孩子的脑中既不知道为什么要学，也不知道所学内容在知识体系中的具体位置。而具有高智商和敏锐学习力的孩子，很快就能掌握一套属于自己的学习方法。

这个现象其实并不是我发现的，有一本叫作《费曼学习法》的书，里面提到"主动学习的重要性"，我读到这里的时候，才明白自己在学校里其实一直是被动学习的，难怪我没有成为学霸。

我要"敲黑板"了，各位妈妈们，如果你想为孩子展示学习力的重要性，让孩子体会主动学习的快乐，掌握主动学习的方法，可以关注这方面的知识。

这一套提高学习力的方法，在经过我和学霸朋友们的讨论后发现，确实具备可操作性，其中有几位学霸朋友表示，他们并没有意识到原来自己是因为掌握了这套方法才成为学霸的，还一直以为是自己天生爱学习、有悟性呢。

看看，学霸的又一次凡尔赛！

在此我可以跟大家大概分享一下这其中的主要逻辑。

第一步，明确目标。此时的目标一定不能太过遥远和抽象，最好是非常明确具体的目标，这样才有利于激发内驱力。

第二步，学习新知识，并且要经常与他人进行讨论。这种信息流的反馈会给人带来强烈的印象，从而促使自己主动思考。

第三步，用上课的方式给别人讲出来。这一步是关键点，因为知识待在脑子里是没有用的，只有经过这一步，你脑袋里的知识才能转化成自己的语言储存下来，并且对外输出。

第四步，复盘与简化。对外输出之后，一定会有表现不佳或者吃不透的部分，所以需要复盘整个过程，找出不熟悉的内容进行二次"回炉"，并将已经内化的部分进行简化，最终把握重点。

写到这里，我简直忍不住拍手叫好。

原来这就是我们在学校里听课、回答问题、做作业、考试、改错的过程，只不过我们的教育里对孩子们主动进行这一步缺少引导，于是我们浑浑噩噩地经过应试教

育，考上大学之后就彻底"放飞"了，完全没有领悟这一套"内功心诀"。

这种学习力的建立，可以帮助我们认知陌生的新事物，也可以指导我们快速掌握工作技能。在我辞职之后成为自由职业者的这几年，它让我受益匪浅。

真正的知识，就是在这样一次又一次的循环中储存在我们脑中，成为我们的基础认知和底层逻辑的一部分。

很多书籍当中都提到，一个人的认知边界，就是他的行为边界。

各位妈妈们，让我们用书籍和学习力，用真正的知识滋养我们的眼界和认知吧！

开阔的视野，必然带来开阔的心胸，自然也会带来开阔的自我，我们的孩子也会在这样的感染之下，成长为更豁达、更独立的人。

时代在变化，世界亦瞬息万变，沉迷于大量琐碎的信息里并不能让我们靠近真理，反而会陷入信息茧房。虽说尽信书不如无书，可能够用辩证思维去看待事物的人，首先要获取大量的知识，才能有这样的能力。

薛定谔在《生命是什么》中说过："人活着就是在对抗熵增定律，生命以负熵为生。"

也就是说，任何一个系统，如果没有外力做功，系统总混乱度（熵）会不断增大。大到宇宙，小到生命体，都是如此。所以一切符合熵增定律的，都会让人感到舒服，也很容易，因为它天性如此，比如懒散，比如无序。

生命为了对抗熵增，需要开放自己与外界交流，这样才能改变内部环境，促进新陈代谢，持续保持演化。

我们焦虑、折腾、交流、与自我对话，这些都是人类几千万年以来的本能，因为我们想要变得更好。

站在这种更为宏大的角度上来看，妈妈"富养"自己，既能满足基因天性里的"自私性"，也是对抗熵增的必然方向，确实要放在第一位。

这个时候再说本章最开始提到的僵局——若伴侣无法同行该怎么办，恐怕我们要重新定义伴侣的概念了。伴侣不仅是狭义上的爱人，还可以是朋友，可以是知识和真理，也可以是我们自己，更可以是广阔的世界。

我们选择"富养自己"，正是要培养自己独立思考、科学辩证、理性的大脑，当你开始打破僵局的时候，你的人生会有更多可能性。

第十七章

和孩子一起从他信走到自信

第十七章
和孩子一起从他信走到自信

并不是每个人从小就能拥有强大的自信心，大部分人其实小的时候都没什么自信。

像我这样从小就拥有比较多的上台经验的小孩，4岁时还能很自信地站在舞台上唱歌，可到了6岁就不怎么敢当众唱歌了。从这个角度看，以前只是因为无知者无畏罢了。

一个人在成长过程中的不同阶段，自信程度也是不一样的。很多妈妈跟我提到，孩子小时候很怕在幼儿园举手回答问题，结果两年之后，上小学的孩子突然有了"社牛症"，能毫不畏惧地与陌生人搭讪，也不怕回答问题了，即便是说出了错误的答案，也觉得没有什么大不了的。

人是动态发展的，尤其是孩子的成长，是一个非常复杂且多变的过程，要求孩子始终保持自信，恐怕是不现实的。

我至今都记得自己的青春期阶段，那种对世界一知半解又充满愤怒的敏感心理，那个时候我不仅不相信自己，更不相信所谓的大人的世界。

然而不管岁月如何变迁，内心如何发展，自信的内核是不变的，那就是爱与被爱。

一个自信的人，心智是健康、健全、完善的。一个被爱着的人是不会彻底失去信心的，被爱呵护着的孩子拥有强大的力量，即便经历许多挫折，也不会完全失去自信。

现实也许很残酷，但任何一个妈妈都希望看到自己的孩子有坚忍、乐观的品格，因此帮助孩子建立和巩固自信心也就必不可缺。

不做牺牲型的妈妈：
爱孩子，更要爱自己

如果连妈妈自己都不自信，是无法培养出自信的孩子的。

用核心竞争力建立他信

他信，是自信的另一种体现。

他信有两层含义，一个是一个人敢于相信别人的一种直觉和判断力，另一个是他人的相信对自己的鼓励和加持。

在建立自信的初期，很多人都是先建立起他信，才能逐渐变得自信。

美籍物理学家钱致榕来华时，谈起他中学时代的一段经历。

那时很多学生喜欢作弊，不求上进。学校里有一位责任心很强的老师，他从300个学生中挑选60人组成了"荣誉班"，钱致榕也在其中。

老师明确宣布，被挑选出来的是最有发展前途的人。于是被选中的60人十分高兴，对前途充满信心，开始踏实学习，后来也大多有所建树。

当钱教授回到中学再次遇到那位老师时，谈及此事，他才知道当年的60位学生是随意抽签决定的。

育儿专家也建议我们多夸奖孩子、鼓励孩子，帮助孩子建立对自己的信心。这种正向反馈式的方法，正是先让孩子感受到别人对他的信心，然后使他产生对自己的信心。

但是口头的夸奖听多了也就不再有用了。很多时候，信心的建立必须要通过某种实践才能落到实处，就好比做成一件件小事，持续得到正向的反馈，才能逐渐积累由量变引起质变。

这也是为什么我在前文中讲，希望家长能够观察并了解自己的孩子，找到孩子真正擅长、热爱的事情。这是一个非常好的落脚点，在优势的培养中接受他人的赞赏，孩子在这个过程中，自信心自然也就建立起来了。

这种不可替代的能力，也就是我们经常在职场中所提到的"核心竞争力"。

第十七章
和孩子一起从他信走到自信

我们的大脑有一个基本的运作模式：当我们跟外部世界交互时，会先尝试好几种不同的方式，然后从中选择能够得到最好结果的那一种，试着用它去处理其他相似的情境，一旦得到同样的结果，就会形成正向反馈，这种做法也会得到强化。在循环之中得到对事情规律的掌控感，也就有了安全感。

所以我们可以理解，在熟悉的环境里，人更放松和自信，在不熟悉的环境里，自信心往往会减弱。

那么核心竞争力能起到什么作用呢？

一个人不管拥有何种核心竞争力，都有对应的领域可施展。只要你有一技之长，你就拥有能够养活自己并获得成就感的方式——不拘泥于你学什么专业、有什么背景、做过什么工作。现在涌现了很多新兴的职业，比如剧本杀的剧本设计师、整理收纳师、宠物学校老师、平台代运营、手工制作者等等，虽然大众对此评价不一，但都发展得风生水起。

像我现在的生活，不去上班、在家工作、时间自由、没有领导和组织，在我父母的眼中，这不就是所谓的"二流子"吗？

我刚开始在家里工作时，他们总是担心我没有收入，经常会询问："你为什么不出去工作？"

时间久了，他们逐渐接受了我的生活和工作模式，而且我的工作强度并不低，最后他们总算是放下心。

在这个过程中，其实我也经历了从他信到自信的过程。很多人给了我鼓励和支持，让我明确地知道，自己适合这样的工作方式，也是擅长这些事情的。

而这一切都得益于：我从小就热爱写作。

很多人会说，那是因为你坚持下来了。殊不知，做真正喜欢做的事情，根本不需要强迫自己去"坚持"。

喜欢打球的人，再忙也会抽时间去打球，因为打球让他快乐。

喜欢美食的人，吃到好吃的会两眼放光，那么探店达人这份工作简直非他莫属。

不做牺牲型的妈妈：
爱孩子，更要爱自己

不过我们需要用很长时间慢慢地摸索着前进。找到自己的核心竞争力很难，强化与合理运用自己的能力更难，这个过程中可能还会有很多人来泼冷水，告诉你这都是白费劲儿！

现在，我也做妈妈了。能够帮助孩子早些确立自己的核心竞争力固然好，但如果暂时找不到也无须着急，我们可以在尝试寻找的过程中不断让孩子获得他信。

我想很多妈妈愿意在各种培训机构花那么多钱去报课，大概也有这方面的原因，只是还没能获得明显的成果，自己就先动摇了。

拥有让人更加自信

真正的拥有，包括精神上的与物质上的，是一个人自信的来源。

以前很多人都说做事情不能太在乎结果。在实践的过程中我发现，阶段性目标的制定是必要的，对目标的追求也是必要的。对目标有着怎样的执着，会影响你在这件事上的努力程度。

而在对目标的追求中，你的自信心也很重要。如果对自己不自信，就不会定一个高目标；如果相信自己能做到，那么目标会处于一个相对合理的范围中。

事实上经常会出现的情况是：当我想考 100 分时，努力之后实际只能达到 90 分；如果我想考 80 分，结果往往只能考到 70 分或者刚刚及格。

古人云，求上得中，求中得下，就是这个意思。

在一遍遍的失败中，自信会被打击。此时若是还拿"结果不重要"来安慰自己，更是自欺欺人。

《山月记》的主人公之一李征厌恶沽名钓誉的官场，他喜欢写诗，想名扬天下。可他只是一个小官，连养家糊口都很困难，更别说有闲情逸致写诗。

李征经历过金榜题名、进士及第，当时春风得意。却没想到在之后的生活里自己非但没有跟想象中一样平步青云，反而日渐窘迫。这种落差让他终日郁郁寡欢，最终发了疯，竟然变成了一只老虎。

变成老虎后的李征，说了一段非常令人动容的话：

"我生怕自己本非美玉，故而不敢加以刻苦琢磨，却又半信自己是块美玉，故又不肯庸庸碌碌，与瓦砾为伍。"

不知道有多少人对此有同感，看到这段话，就像是在看水中倒影——分明就是自己！

一个碌碌无为又不肯脚踏实地生活的人，时常感到自卑。很大程度上是因为没有足够的事件让他产生自信。

很多人混淆了概念，认为人生应该拥有大格局，就不用在乎日常的小事。殊不知，正是那些寻常的小事，才构成了这宏大的人生。

实现目标不是求来的，是做出来的。

10来岁的我们容易怀疑和愤怒，20来岁的我们陷入了迷茫。是因为人生中没有足够多的经历支撑我们的认知。

怕这个人说，又怕那个人讲，来自他人的嘲笑和轻视在脑海中拦住了自己对目标的追求，最后一事无成，又何来结果？何来进步？何来自信呢？

在这一点上，我们女性要向许多成功的男性学习。他们充满了对结果的渴望，慕强心态促使他们去行动，大多数只有六分把握的男性敢去挑战有十分难度的事情，而女性即使有九成把握也不见得敢接招。

其实，收获是会伴随着追求目标的过程而来的。

学习上的收获，也许是荣誉和奖学金；工作上的收获，往往伴随着升职和加薪。这些收获更加激发了人们的自信心。

英国作家塞·约翰生说："既会花钱，又会赚钱的人，是最幸福的人，因为他能享受两种快乐。"

大概是从小并没有太缺过钱，我一直对钱是缺少概念的，哪怕是从婚纱店创业到线上卖货的这几年，我也算不上精明。但做生意真的是一项非常有趣的经历，它让人

不做牺牲型的妈妈：
爱孩子，更要爱自己

开阔眼界，也让人对这个社会以及人与人之间的关系有了另一种认知。

首先是磨出了一个新的"自己"。我没想到筹备一间实体店面，要花费这么多心思和工夫。逼得我啊，从行业调查、货品利润、货源考察、门面选址、房价租金、装修布置、陈列灯光、买卖交付、记账盘货、面试等流程都亲自过一遍，幸好只是开婚纱店，若是开餐厅，还得把卫生部门、消防部门、食品安全部门、防疫检查部门等走一趟。

从前我是个什么样的人？家里的事情不太操心，社会上也没有值得我关注的事情，工作结束就是吃喝玩乐，每天不是聚会逛街就是看书写作，基本上自己顾自己就行了。

等婚纱店开起来，我才感到自己是个真实的"社会人"了。

做生意真的很锻炼人。每天一睁眼，租金、人工、水电等花费就在脑门上悬着，一天有一天的事要做，哪儿还有那么多情绪和脾气呢？

就是那几年，把我一身的小姐脾气和惆怅情绪给磨了个七七八八。

我刚开婚纱店的那一年，总在观察客人，俨然人类观察学野生编外人士。有些女孩素质很高，电话里约时间时很礼貌，独自前来，试完婚纱也客客气气，但我很清楚，这笔买卖不会成交。果然，她轻轻一挥手，走出店门，说再去逛逛，之后再也没有回来。

有些女孩带着男朋友来，试了很多件，试过的婚纱快要堆满沙发，男朋友却在一边等得无聊，拿起手机玩游戏，每次听到"你看看这件怎么样"，抬头都是一脸茫然。我知道，这笔买卖也不会成交。付钱的人心不在焉，决定的人没办法判断，多逛几家恐怕还要闹矛盾。

有的女孩来试婚纱，呼啦啦进来一堆人，亲妈和准婆婆像左右护法，男朋友谁也不敢得罪。每试一件婚纱，亲妈乐开颜，婆婆却话不多，始终不肯点头，男朋友装看不见一直刷手机。我知道，这笔买卖绝不会成交。这是一场婚前博弈，选婚纱只是个过场。

有的女孩带着闺密,叽叽喳喳地来,笑笑闹闹地选,闺密嘴毒但细心:"这件不行,穿着显胖""这件还行,就是你得配个够高的高跟鞋""哎呀,这件真好看!但太露了,你婆婆恐怕会不高兴"。

我话不多,有问必答,等着签单。心里却感到有些难受,没想到婚前连选件婚纱都不能做主的女人,竟然比我想象中多得多。

经历了这些,我终于明白:拥有所谓的体面的工作不是最重要的,拥有持续赚钱的能力、具备开阔自由的思维、能站在自己能到达的最佳位置上,这些才是更重要的。

同时我学会了摆正自己的金钱观,尊重金钱,重视金钱,不要漠视它,也不要排斥它,更不要羞于喜欢它。

人活着,一方面要好好生活,生活本身赋予了我们各种乐趣,让我们感受到美好;一方面实现自己的价值,去工作、去挣钱、去奋斗,做一个社会中人,在各种各样的反馈中获取满足感。

而金钱就是一种职能价值的反馈,它滋养着生活的乐趣,也体现着职能价值,它怎么可能不重要呢?

金钱也是一种恩赐,它让我直观地感受到自己的努力,也在不断地验证我的预设是否正确。

当然,它必须在被得到的那一瞬间成为另一个机会、另一种可能、另一级台阶,而不是一种宣泄或者其他。

我们要直面它的重要性,接受自己对它的渴望,"富养"自己,"富养"各种可能,真正行动起来。

在人类社会里,有一种底气和自信是"知道我有",这种底气也是很多人提出要"富养孩子"的原因。很多人也体验过,当你的兜里是有五千,还是有五万,面对许多事做出的选择会有很大的不同。

就像一个名下有房产的女性,和一个有家不能回的女性,在职场和人际关系中的

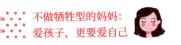

自信心也会天差地别。

不过，物质不会凭空而来，正是一次又一次的努力才能让物质安然落袋。

所以更要"富养"自己，只有妈妈有"富养自己"的能力，孩子才会变得更自信。

我相信我能！

运动员如果在比赛时处于忘我的状态，就会进入心流，无往不胜。

艺术家如果在创作时进入心流，就会恣意磅礴，挥洒自如。

我采访过几位学霸朋友，他们都表示，自己在考场上经常能进入心流状态，不再去考虑这道题会不会，而是相信自己肯定能做出来。

这样神奇的心流状态，恐怕得先拥有他信和强大的自信之后才能进入。

自信的建立和巩固是一个漫长的过程，尤其人生本来就充满变数，挫折、痛苦、失败都会打击人的自信心。很多人也一直无法从他信转化成真正的自信，自我评价总会被他人所影响，反复在自我怀疑和自我肯定之间横跳。但当我们回顾过往，我们会看到自己的努力都是值得的。

《挪威的森林》中有这么一句话："我一点也没做好二十岁的准备，挺纳闷的，就像谁从背后推给我一样。"

这本书我10来岁时曾读过，当30岁的我再拿起时，发现这段话是如此真实。我们在人生中不断地寻找自己，而自我认可就产生于寻找自我的过程中。

成为妈妈之后，孩子帮助我拓宽了对自己的认知，完成了很多曾经以为自己做不到的事。比如刚收拾完孩子的尿不湿，洗个手就去吃饭，抑或是连续3年没有睡过整觉，这些生了孩子之后才体验到的"极限挑战"，让妈妈们对自己的生存能力有了更多自信。

然而孩子之间的个体差异之大，教育之艰难，也让妈妈不断接受新的挑战，收获

第十七章
和孩子一起从他信走到自信

新的体验。

妈妈们要相信自己的孩子，也要学会放下心结，找到自信。

孩子与妈妈之间不是单向的索取关系，而是一荣俱荣、一损俱损的相互依存的关系。

第十八章

神奇的结果倒推法

第十八章 神奇的结果倒推法

结果倒推是一种思维方式，即逆向思维。

它能提高效率，或者说能够在比较复杂的情况下，帮人迅速地找到解决问题的方法。

如果结果倒推是为了达成一个目标：

那么就需要进行目标分解——往回推到上一步，再到上上一步。我们要问自己，如果达到这样的目标，需要做什么样的动作？这个动作需要达到的量是多少？这些量落实到每一天，需要几个步骤能够完成？

如果结果倒推是为了看清一个本质：

日常生活中有很多本质和真相是掩盖在大量信息之下的，这些信息很可能是别人给的，或者自己思考出来的，我们对很多东西的判断其实都被误导了。

如果你想知道一件事情的真相，或者说真正核心的东西是什么，就要想办法去拨开层层迷雾。

很多人与他人沟通时会遇到让自己困惑的情况，不知道对方说的到底是不是真的。这很正常，大家都是怀着不同的想法和不同的目的去行动的，他人只负责给出他们认为有用、有价值的信息，但我们并不知道这些信息是不是真的对自己有用。

这个时候，我们就可以尝试用结果倒推，想想如果按照他人给的信息去做，结果会有利于哪一方。

结果很容易就能推出别人给出的信息到底是来干扰误导你的，还是真的有价值。

还有一种常见情况：他人给出的信息模棱两可、似是而非，用看起来自洽的逻辑

不做牺牲型的妈妈：
爱孩子，更要爱自己

和客观的角度讲了一番话，实际上背后有他自己的目的。

判断的方式也是一样的，采用结果倒推法——看看谁是获利方？

这种方式经常用于刑侦审讯，可以说具备了大量的实际操作和数据支撑，确实是一种很有用的思维方式。

拒绝弱者心态

为什么要跟大家分享这个看起来并不是很日常的思维方式呢？

因为我在进入职场、结婚生子之后，发现大量的女性在一开始就把自己定位为"弱者"。

女性是弱势群体[①]，确实如此。因为长期处于社会生产活动中不占优势的一方，自然也就没有在劳动所得的分配上获得公平。

哪怕是女明星，也没有得到与男性同工同酬的待遇。著名好莱坞女星斯嘉丽·约翰逊在采访时曾被问道：你现在是最卖座的女演员，有什么感想？她回答："我很吃惊，我也很惊讶我是前十名中唯一一位女星，这究竟是怎么回事呢朋友们？"

戛纳影后的德国女演员黛安·克鲁格也曾表示，自己作为女一号的片酬还没有男二号高。

我们都知道，女性在职场中付出的劳动并不比男性少，有时甚至承担得更多。因此我们不是"弱者"，我们是"弱势"。

那么如何改变弱势处境呢？答案是改变弱者心态，去主导，去争取！

拥有弱者心态的人，会把自己归为弱势的那一方，总是希望得到强者的肯定，仿佛只有强者的肯定，才代表自己有价值。

[①] 政治经济学名词，指在社会生产生活中由于群体的力量、权力相对较弱，因而在分配、获取社会财富时较少较难的一种社会群体。

第十八章
神奇的结果倒推法

其实并不是这样的，自己认可自己才是最重要的。

至于其他人的认可是否重要，那就看看这份认可是否会影响到事情的结果。想起我们前面说的结果倒推法了吗？

如果会影响结果，那么就去主动沟通，争取达成共识，

如果不会影响到结果，那么就不必过于纠结。

比如，你的工作汇报不是给同事看的，而是给上司看的，所以只有上司的认可会影响最终结果，所以不必因同事的评价而感到沮丧。

去掉弱者心态，意味着去掉情绪化、多余的纠结、寻求关注和认同的心理。逐渐学习更关注结果，以结果为导向，把主动权掌握在自己手里。

弱者心态还体现在过度共情，这一点恐怕很多女性也深受其扰。周围的任何风吹草动都会引起自己的情绪波动，以致整个状态都受到影响。

根本问题在于，女性太容易将自己带入某事件的弱者角色里，比如孩子被贩卖之后伤心欲绝的母亲、在意外中失去双亲的女儿、受到幼儿园老师虐待的孩子……

许多女性花了大量的时间去处理这些突如其来的负面情绪，跟自己交谈，让自己感受代入之后难以化解的被伤害的情绪。却无法站起来去为真正受伤害的人做些什么，哪怕是为自己做些什么。

在弱者心态的支配下，有些人甚至会认为，自己只配过这样痛苦的日子，似乎每次生活变好，内心都会惴惴不安，认为自己不会这么幸运。得到了这样的好运，一定会在日后以更大的痛苦来偿还。

还有一种弱者心态的表现，就是圣母心泛滥。

听到任何人遭受痛苦都会觉得难过，最终选择伸出手帮助，却没想到反而让自己陷入泥潭。

事实上，这种盲目的行为是因为内心太害怕自己就是那个弱者，这种巨大的恐惧感，迫使自己不顾一切地去帮助对方，一时失去了理智，也脱离了自己的实际情况，采取了大大超出能力范围的行动。

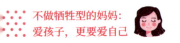

基于弱者心态，人会完全忘记我们生而为人，无法主宰一切，许多事都不在我们的可控范围内，所以不要把时间和精力浪费在你无法控制的事情上。

最终，我希望女性在摆脱弱者心态之后，敢于争取属于自己的权利，学会抓住每一个升职、跳槽的机会。

因为我们值得。

认知灵活

许多长辈都喜欢一切求稳，工作要稳定的"铁饭碗"，把结婚叫作"稳定下来"，把生儿育女当作"安稳一世"的必要条件。

或许是他们不愿承认，因为他们经历过的人生缺乏安稳，所以才转而追求极度安稳，以求得内心的安全感。

而在未来，大部分人的这种"求稳"的心态很可能会改变。

事实上我们已经逐渐发现过往的经验似乎并不完全适用于现在，那些我们认为永远不变的事物其实也会改变，采用跟以往一致的做法并不一定会产生预期的结果。

相信在 2020 年经历了疫情，2021 年经历了行业巨变的人，对此更加能够感同身受。

如果想追求安全感，就得在结果倒推中不断尝试新的方式，并且将这种尝试变为习惯。

能够具备接纳和运用这种常态化的最核心的能力，被人称为认知灵活理论。

采用结果倒推法时，会有很多条路通向它，然而外部环境一直在变化，我们不得不试着去找到最符合当下情况的一条路，很可能还会在这个过程中遇到新的考验，毕竟不是所有路都畅通无阻。

认知灵活中包含对失败的接纳能力、对新事物的接受速度、对突发情况的处理等几个方面。

许多研究已经发现了认知灵活性的正面作用，并越来越重视它在各方面的影响。

一项对6～8岁儿童的研究发现：高认知灵活性是最能够预测阅读和学习效果的特质。

一项针对职场人的研究发现：成功的企业家的智力并不比普通经理人高，但他们往往具备更高的认知灵活性。

一些研究调查表明：高认知灵活性有助于我们发现自己的错误并改正，改正的同时得出更全面的思考结果。

另外，认知灵活性也被ACT（接纳与承诺疗法）所引入，成为其中非常重要的组成部分。

那么，我们要做些什么，才能让认知灵活成为结果倒推中有效的路径模式呢？

每个人都有自己的一套非常娴熟的思维模式，久而久之，就成了我们的"下意识"或"第一反应"，遇到事情就会把这一套拿出来应对。

如果想要灵活，这样一成不变肯定是不行的。

我们可以尝试有意识地采用非自己第一选项的思维模式或做法去应对一些事件。

然后抽离出来观察一下自己以及事件的结果如何。用结果倒推法看看，具体做得好不好？行不行？

如果你日常爱说话，那就试试闭上嘴巴多听一听。

如果你平时的思考方式很感性，那就换成理性的思考方式试一试。

如果你很在意一件事"有没有用"，则可以试着想一想它"好不好"。

当一个人从自己的日常生活里跳出来，往往会有超出预期的收获。

我们到底为什么要锻炼自己的认知灵活呢？

如果说条条大路通罗马，那么结果倒推让我们能够快速找到跟自己连接得最快最好的那条路，而认知灵活则帮我们拓展新的道路。

认知灵活让我们一方面在方式方法上物尽其用，一方面跳出既有模式去尝试。使我们通过自己的努力去慢慢提高效率，产生更全面的认知，并在这个过程中把结果变

不做牺牲型的妈妈：
爱孩子，更要爱自己

成另一个更深入的目标。

说到这里，我想起曾经很多人把女人比作水。这个形容恰好佐证了女性对环境的适应能力以及本性中对他人的包容。

站在认知灵活性的角度上看，人确实应该像水一样。不管是水、冰、雾、露，在地下、在河中、在杯里，水的化学式都是 H_2O，它的内核是不变的，但它会根据环境的变化改变自己的形态。

关于这一点，我想许多女性在实际生活中也应该很有发言权。

我要结果

很多女性感到在家里被束缚住了手脚，因为很多人发出这样一种声音："家不是讲理的地方。"

但家是会看结果的地方。家务活做与不做，结果很明显。地板拖了没有？衣服洗了没有？孩子的疫苗打了没有？家庭作业辅导得如何？

诸如此类的事，装看不见也无济于事，生活并不会因为你装傻而对你网开一面。

妈妈在家里要养成强者心态——"这个家我说了算！"同时也要学会适当放手，除了过程，也要注重结果。

可能很多妈妈都有这样的体会——育儿时奖励与结果并行，效果立竿见影。可真正的难题不是育儿，而是处理家庭事务和家庭关系。

要知道中国家庭矛盾的核心大多源自"不是东风压倒西风，就是西风压倒东风"式的权力斗争。

权力斗争为何源源不断？原因就在少数人付出，而成果却被大家共享。

一些小小的家庭矛盾，投射出的是一个家庭整体教育的失职，世俗观念里女性"融入"的夫家到底是个什么样子，在恋爱时期恐怕很难窥探一二。只有在结婚生子后面临家庭劳动力的缺乏时，才猛然发现：原来自己一切的艰难，都源自整个家庭的权力

斗争。

而这个时候，恰恰是勇敢站出来"要结果""谈合作"的最好时机。在结果倒推的过程中，我们会明确分工。家庭成员如果想要朝着共同的目标前进，一定要拿出合作的态度而非争夺的架势。

女性长久以来被教育要谦虚、平和，要学会隐藏锋芒。然而我们并不在乎是否"温柔"，我们对权力无感，但我们需要结果，因为结果才是我们所追求的最终目的。

事实上，在人际关系中实际掌握权力的永远都是所谓的配合者，配合者的退出会导致整个关系的坍塌破裂，这也是为什么很多离婚案件中，由女性提出的离婚大多覆水难收。

家庭也是一种职场，女性是主要投资人，谁能成为合伙人，取决于他们是否能够拿出资本投入，而不是反过来给主要投资人打分。

不同于从前"女性服务于家庭"这样的论调，我倒是支持妈妈们将自己的位置"摆正"——女性才是家庭关系的核心连接人。

中国工程院院士陈薇、火箭设计师容易、美国普林斯顿大学教授颜宁、美国大法官金斯伯格……众多杰出女性让大众看到了女性的优秀。

直播、公众号、短视频、美妆……新兴的领域让更多的女性有了展示自我与实现自我的机会。这是一个女性的时代，逻辑思维的 CEO 脱不花说："不要辜负这个时代给女性的机会。"

时代在发展，一切并没有那么容易。

BOSS 直聘研究院发布的《2021 中国职场性别薪酬差异报告》显示，2020 年，城镇就业女性的平均薪酬为 6847 元，同比回落 2.1%，是男性平均薪酬的 75.9%，薪资差距拉大；薪资水平越高的岗位，男女薪酬差异越大。

职场上的同工同酬任重道远，家庭劳动上的"同工同酬"也是如此。

在今天这个时代，女性不应该再过分牺牲自己，无论是家庭还是职场。任何事情

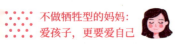

都有依靠多方努力的解决方案，无须以牺牲女性的自我发展为前提。

如果有家人需要你做出这样的牺牲，说明对他来说你没那么重要，他要的只是一个工具人。工具人的可替代性太高了，没有人会对"工具"产生深刻的爱意与支持。

同理，我们的孩子也并不需要一个工具人妈妈。无论是男孩还是女孩，在他们漫长的一生中，他们需要的是一个有趣、聪明、拥有自我的母亲，只有这样的母亲才能成为好榜样，引导他们健康成长。

甚至在我们离开人世之后，他们仍然需要心目中那个很酷、很有力量的母亲，作为他们一生中的力量源泉。

反之，一个处处"穷养"自己，把自己放在工具人位置的妈妈，怎么可能成为这样的引导者呢？

第十九章

今天的你就是未来的 Ta

第十九章
今天的你就是未来的 Ta

生育后的头几年,我经常陷入失眠的困扰中,在深夜辗转反侧时,我会把脸靠在礼物的后背或者肩头,感受他均匀的呼吸、温热的气息,我也能从中汲取一些力量。

独自养育礼物的这几年,是我此生最辛苦、最难熬的几年,但他长大了,会捧着我的脸说:"妈妈,我爱你。"

曾经害怕生孩子的我,却不后悔生了他。

是他教会了我全心全意、毫无保留地爱一个人,去付出,去辛劳,去承担。

是他教会了我用更直白的方式表达自己的内心,比如每天说"我爱你",比如直接说"我很不开心",比如要求他"你现在抱着妈妈吧,不然我的心情会很不好"。

是他让我意识到原来我对自己是如此苛刻,内心原来有这么多需要填补的地方,在过去的期待中充满了假象和飘忽不定的憧憬。

这些在童年没学会的,跟随着他的成长,我又学习了一遍。

现在的我确信,我们的孩子啊,是一个掏心掏肺爱着我们、能时刻回应我们、从不耻笑我们的天使!

而这个与我们同行的小伙伴,有一天也会超越我们,也会在某个岔路口与我们挥手道别。

我一直期望着,在我们共度的时光里,能够将我的未来嵌进他的现在,将我的现在融入他的未来。

因为这是我作为母亲,用人格与经历"富养"他的最好证明。

我们的过去

"原生家庭",一个让部分人感到疼痛并且绝望的字眼。

在《蛤蟆先生去看心理医生》这本书中,蛤蟆得了心理疾病,在求医的过程中遇到了苍鹭,苍鹭用一个很残酷的比喻解释了父母和子女的关系。

三口之家被比喻为一个很小的星球上只住着三个人:你(蛤蟆)和其他两个人(父母)。那两个人高高大大,许多的事情你都得依赖他们,不仅是日常生活中的吃喝拉撒,还包括情感。他们通常都对你很好,但有些时候,他们会对你生气,这让你感到害怕和不快。他们是那么的高大有力,常常使你感到很无助。

现代心理学大量普及应用之后,人与自己的父母组建的"原生家庭"作为其中一个被频繁提及的心理学名词,被广泛地应用到各类场景当中。

一个人儿时和父母的关系模式、在养育过程遭到的对待、年少时形成的对世界的认知、"归因方式"和感受事物的"情绪反应方式",会内化到我们的三观中。

比如儿时父母格外严厉的孩子,长大后会无意识地时常责怪自己,进而对他人也提出高标准严要求;儿时经历父母争吵暴力的孩子,如果当时归因为"爸爸或妈妈是坏人",长大后则很难恰当地处理亲密关系中的冲突;儿时若常常被忽视甚至虐待,成年后会格外在意外界的评价和反应;儿时被溺爱的孩子,成年后往往会变得自恋、习惯索取。

很多人的一生是不敢回头看的,不敢认识自己的家庭,不敢了解自己内心的真实情感,因为这需要经历痛苦。对于原生家庭不幸福的人而言,改善潜意识是一个漫长且艰难的过程,需要极大的毅力。

当年的那个小孩面对被忽视、被否定,尊严被伤害、情感连接断裂,甚至被抛弃时,他无力反抗,只能启动防御机制,隔离一切伤痛,好让自己继续生存下去,不被痛苦淹没。

唯有我们察觉并接纳人生初期的原始观念对当下的行为和反应方式的影响，并且有足够的意愿化解和改变，心智才会得以成长，人格能更加健康完整。

如果你不幸在糟糕的原生家庭中成长，童年时期遭受过来自父母的忽视与控制、言语上的抨击，甚至是暴力行为，长大后如实客观地看待自己曾经的经历，也是解放自己的一种方式，把自己从痛苦中解救出来。

你不妨这样想，"父母有他们的局限性，不管出于何种原因，我确实受到了委屈和伤害，并不是我的错"，多给自己一些理解和安慰。

然而有时候我们做了很多努力，鼓起勇气，不过是为了得到来自家庭的认可和支持。当意识到这一点的时候，痛苦也随之出现，这时我们更要学会开解自己。

首先，有这种想法是完全正常的，不用因为有这样的心理渴望感到羞愧。

其次，我们已经是成年人了，现在再讨论对错是毫无意义的，有的路要靠你自己走出来。

很多人将自己的不顺全部归咎于父母。殊不知原生家庭这个观点被提出，是为了让我们每个人去追溯本源，目的是去解决问题，而不是推卸责任、逃避问题。

最后，如果你的痛苦已经从"找到造成自己痛苦的根源"变成了"可我没办法原谅父母"，我的答案是：如果无法原谅，那就不原谅。

你之所以痛苦，是因为一边遭受着原生家庭带来的伤害，一边因为"无法和解"而深感自责。

"和解"的发生不是必然的，它或许很快就来，或许来得很慢，也可能永远都不会来，谁也无法保证。但至少现阶段，没必要强迫自己坠入新的自责情绪中。

今天的你

过去几年里，不管是欧美的"Me too"运动，还是华人娱乐圈的男明星一个又一个爆出失德新闻，几乎每一次在互联网上都会引发大量的讨论。

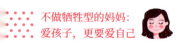
不做牺牲型的妈妈：
爱孩子，更要爱自己

人们开始敏锐地意识到，不存在完美的人，也不存在"一个愿打一个愿挨"的情形，更没有什么"苍蝇不叮无缝的蛋"，事实就是事实，一个又一个女性勇敢地揭露了光环之下的自己究竟过着怎样辛劳的生活。

有关生育、家务劳动、PUA和精神虐待等问题的讨论，改变了很多人对这些问题的认知，是非常了不起的进步。

从前的女性经常会感到困惑，虽然男女说的是同一种语言，生活也大同小异，可为什么女性讲出来的话，不能获得深入的认同和理解呢。这是源于长久以来整个社会对女性议题、家庭议题分裂的认知与偷换概念导致的逻辑不顺畅，连女性本人都无法理解这一切为何会如此艰难。

然而现在不一样了，我们能听懂"她"在讲什么，也能理解"她"的经历。

这并不是一件容易的事，即便同为女性，我们也需要非常努力，才能突破男权社会的种种规训和障眼法，真正理解自己和其他女性的处境，在实际生活和自己的人生中，将这样的力量转换为对自我的追寻和认同。

另一方面，许多社会劳动从体力活儿变成了脑力劳动，互联网的科技变革又进一步将大量的脑力劳动推动为"结网能力"。

如果说以前社会所倡导与职场规则中提出的最多的是"尊重女性""男女平等"等话题，那么随着结网能力逐渐成为各种组织的核心，真正属于女性的时代正在到来。

近100多年来，社会被女性觉醒的浪潮所席卷，而我们都是这股力量中的受益者。因为这些巨大的变革，我们的人生也在经历变化。

2016年，我还是一个不得其法的新手妈妈，而当我经历了痛苦、挣扎、醒悟、自救等一系列的心理历程，经历了创业、辞职、写作等一系列的职业转变，又经历了结婚、生子、育儿、离婚等一系列的人生选择之后，我可以在2021年的年末，坐在电脑前和大家愉快地分享一个普通女性的成长和变化。

而现在的我也拥有了全新的属于自己的生活，对自己充满了信心，不再试图依附或期待其他人。

第十九章
今天的你就是未来的Ta

反裤衩阵地（王欣）曾写过一段话：

> 完全不必苛责自己在婚姻中不够妥协、不够忍让。我们结婚之前已有完整的个性，如果不是变本加厉刁难他人，就没什么可检讨自己的。尤其是，如果我们的个性成就了我们自己，能不能成就婚姻真的是随缘——人生中的变数实在太多，我们可以尽力而为，但也真不用苦大仇深地逆天改命。
>
> 当今社会，最成功的女性，不是在很年轻的时候就火眼金睛为自己挑中一个完美老公，生下完美子女，过掉完美的一生（不是说这样不好，而是想要达成这样开了外挂、分毫不出错的顺遂程度，简直难于登天。大部分人不过是咬牙强撑，自欺欺人）。而是，不管我曾经做出过怎样的选择，都没有耽误我为自己努力，让自己越过越好。

不管通过何种方式，只要努力对了方向，生活最终会让我们成为我们想成为的人。若没有天生好命，就只能自我修行。过程冷暖自知，它像一座山隐匿在浓浓的白雾中，没到万丈金光时，总不见真身，但它终归在那里，替这一片水镇住波澜与暗涌。

未来的Ta

"人皆养子望聪明，我被聪明误一生。惟愿孩儿愚且鲁，无灾无难到公卿。"
苏轼的这首诗，当初读不懂，现在再看，才知其中深情。
谁不愿自己的孩子是个天生命好、快乐无忧的人呢？
但我知道，这实在太难了。每当我将礼物逐渐长大的小手小脚握在手里丈量，都会忍不住地想："他会长成一个什么样的大人呢？"
是驰骋球场、挥汗如雨的运动男孩，还是内向害羞、羞于表达的小小少年？我无

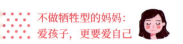

法确定他的模样。

但能够明确的是,我希望他成为一个普通人。

他可能成就不大,也没什么可拿出来炫耀的能力,从普通的学校毕业,做一份普通的工作。也许真的像他4岁时畅想的那样去驾驶挖掘机盖房子,只要这的确是能让他感到愉快的工作。

普通,却拥有着珍贵的品质。拥有自洽、独立的内心,对知识充满好奇和渴望,能够尊重生命、爱护自己在意的人,愿意在自己热爱的领域去付出,不怕尝试、不怕失败,具备在灰暗中忍受低落的能力,也能够站起来直面惨淡。

可能他一辈子都无法体会做一个母亲的心情——那么焦灼、那么迫切、那么痛苦,却又充满了爱。如果他有幸成为一个婴孩的父亲,我希望他可以将成为父亲的欣喜付诸行动,也能将成为丈夫的爱意化为实实在在的支持。用他精力旺盛的雄性基因去为爱人、孩子做该做的事,让孩子的妈妈不再因为生儿育儿感到孤独和痛苦。

力量虽小,却也是实实在在地迈出了改变的一步。既普通又不普通。在我和礼物相互陪伴的近6年中,我们在同步成长。我的孩子,他既莽撞又谨慎,既随和又倔强,既敏感又粗线条。

说实话,在这6年的养育过程中,我75%的时间是在纠结与担心中度过的,20%的时间是快乐的,还有5%的时间是在生气。

我总是纠结怎样才能将孩子养育得更好,总是担心自己做得不够好。礼物长大后如果看到这段内容,会不会觉得快乐怎么如此少?

如果孩子们知道妈妈在没有成为妈妈之前,曾经是多么潇洒不羁、自由自在,也许就能理解20%这个比重所包含的意义,人生原本就没有那么多快乐。

我的孩子,我要谢谢你对我100%的爱,也谢谢你100%的陪伴,更谢谢你100%的信赖。

你就像一个天使。当你逐渐长大,褪去身上的翅膀,步入社会时,我希望那双翅膀还能长在你心里，使你永远勇敢、真实、自信、达观。

也许你会格格不入，也许你会感到孤独，也许你会承受着难以言喻的艰难。

也许你原本 100% 的感情会在困境中被慢慢消磨，你会怀疑世界，怀疑自我，怀疑一切，然后感到毫无力量，感到沮丧与失败。

我的孩子啊，只要你回过头，就能看到我在注视着你。

你会想起 100% 真的存在过，而这是你坚持走下去的理由。

各位妈妈们，我们要在自己命运的象限区间里努力，把自己置于广阔之地，从狭小的安全范围里走出来，不再羁绊于情情爱爱，不再为了一丁点儿利益钩心斗角。

当我们懂得锐意进取，不找借口，不再懒惰时，好的结果自然会来，一切也会跟着舒展开来。

时间对于每个人都是公平的。如果在你眼中，一个人非常出色、非常优秀，那是因为他把时间和精力用在了你所看到的这个领域。

而你经历的时间也并非虚度，你必定也把时间投入在某些领域，在这些领域中，你一定也有值得别人佩服和惊叹的经验。也许目前的你只是暂时还没有找到一个好的方式，去展现你在这些领域的才华而已。

让我们用积极的方式去拓展自己的眼界和圈子，不断地积累自己的经验，了解他人的生活模式和需求，将自己与世界的交融与探索作为基石，努力成为一个更加睿智、更加成熟的人。

不是用匮乏的物质对待自己的人，不是用贫乏的精神应付内心的人，也不是某个消费 VIP 或某个职位上的打工人，更不是某某人的妻子、某某人的女儿、某某孩子的妈妈，而是一位多面、立体、丰富的成年人。最重要的，是成为你自己。

不管"富养"还是"穷养"，都只是方式的一种，始终围绕着方法论进行。这世界上的方法有很多，内核却是不变的。

在当妈妈的这条路上，我们需要先成为一个自洽、自强的人，然后才能带领孩子

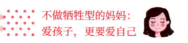

走上一条更富足、更自由的路。

自由是人类的终极追求,这是我们作为高级生物刻进基因中的渴望。这条路上恰好有你,有我,有孩子们。

执着于理想,纯粹于当下。

我始终相信,命运不会亏待善良努力的人,不会亏待艰难生活中埋头耕作的众生,亦不会亏待迎难而上、不离不弃的普通人。

养育孩子是一场自我修行,且让我们先从养育自己开始。